Liderazgo

MINISTERIO Y BATALLA

Héctor Torres

BETANIA

Un Sello de Editorial Caribe

Betania es un sello de Editorial Caribe
Una división de Thomas Nelson

© **1997 EDITORIAL CARIBE**
P.O. Box 141000
Nashville, TN 37214-1000, EE.UU
E-mail: caribe@editorialcaribe.com

ISBN: 0-88113-465-1
ISBN: 0-8811-3796-0 (Edición Especial)

Impreso en Colombia
Printed in Colombia

www.caribebetania.com

Dedicatoria

Dedico este libro a mi pastor, Gary Kinneman, de quien aprendí valiosas lecciones de liderazgo durante nuestros quince años de trabajar juntos, mano a mano, en la obra del Señor en Palabra de Gracia. También a los hermanos Héctor y Clara Vicente, los cuales han caminado conmigo a través de los años en tiempos buenos y en tiempos difíciles. De ellos aprendí el precio del sacrificio basado en la fidelidad a Dios y a sus principios. A mis compañeros en la obra, Robert y María Blayter, quienes han sido parte de mi preparación en el Señor.

Una dedicatoria especial a mi ejército de intercesores, quienes están elevando continuamente su intercesión al Señor, para que Él guíe nuestros pasos y prepare nuestros caminos.

Dedico también esta obra a mi amada esposa. Su paciencia y sus oraciones han sostenido nuestro matrimonio durante los tiempos difíciles de mi ausencia para ministrar alrededor del mundo

Agradecimientos

Este libro ha sido posible por la ayuda, el apoyo y las ofrendas de mis hermanos en Cristo de Palabra de Gracia (Word of Grace) en Mesa, Arizona.

Decidí escribir este libro debido a: la apremiante necesidad de capacitar la nueva generación de hombre y mujeres que Dios está levantando en el mundo hispano y la pasión que llevo en mi corazón de ver a la Iglesia Evangélica en Hispanoamérica prepararse para capacitar y discipular a la más grandiosa cosecha de almas en su historia.

Estoy en deuda con muchos hombres y mujeres de Dios en más de veinte naciones de nuestro continente, los cuales me han abierto las puertas de sus preciosas congregaciones para compartir sus púlpitos y ministrar la Palabra de Dios.

Estaré siempre en deuda con Gary Kinneman, C. Peter Wagner, Cindy Jacobs, Héctor Pardo, Randy y Marcie MacMillan y Alberto Mottesi por sus sabios y valiosos consejos durante tantos años de amistad. A mis editores Juan y Danny Rojas, y a Orlando Rodríguez, quienes han sido un gran apoyo para mí y han aportado valiosos comentarios, sugerencias y ayuda en el desarrollo de todos mis libros. Mi especial agradecimiento a Sam Rodríguez por su maravilloso aporte a los libros con el diseño de sus portadas y muchas otras cosas que han hecho un éxito de estas obras.

Finalmente, agradezco a los líderes de aquellas naciones que han adaptado la visión de INVADIR SUS COMUNIDADES con la oración de intercesión por sus ciudades y naciones.

Contenido

Prólogo

Vivimos en tiempos extraordinarios. El mundo nunca antes ha visto una cosecha mundial de almas para el Reino de Dios que siquiera se aproxime a lo que estamos viendo hoy. América Latina se halla al frente. Las iglesias se multiplican tan rápidamente que nadie puede obtener una cifra exacta. Para señalar una cifra imprecisa, y sin embargo realista, decir que se empiezan más de cien iglesias *por día* no está fuera de lo razonable.

La mayoría de estas nuevas iglesias no siguen el molde del cristianismo evangélico tradicional, que fervorosos misioneros norteamericanos y europeos han predicado en todo el continente por casi un siglo. En lugar de eso, son «iglesias nativas de raíz», como las llaman los investigadores Clayton L. (Mike) Berg y Paul E. Pretiz en su fascinante libro *Grass Roots Christianity, Latin American Style* [Cristianismo nativo de raíz, al estilo latinoamericano]. No sugiero que estas iglesias, que son parte del movimiento mundial que llamo la nueva reforma apostólica, son las únicas que están estableciendo nuevas iglesias en gran número. El establecimiento de iglesias es también una prioridad importante en muchas de las denominaciones antiguas.

¿Quiénes pastorean estas iglesias jóvenes y dinámicas? En términos generales, los pastores ya no son graduados de los institutos bíblicos y seminarios tradicionales. Se ha hallado que la preparación ministerial institucionalizada es calamitosamente inadecuada para suplir las demandas de estas iglesias que se multiplican tan rápidamente. Por un lado, dichas instituciones simplemente no pueden producir la cantidad de pastores que se necesitan. Por otra parte, el programa de estudio de esas instituciones muy rara vez incluye cursos que provean adiestramiento en el liderazgo. Los graduados salen más típicamente preparados para el papel de mantenimiento de iglesias existentes, antes que para un liderazgo agresivo, con dirección y encaminado a la expansión.

El resultado es que miles y miles de iglesias en América Latina son pastoreadas por individuos que Dios ha llamado y que están totalmente consagrados a su tarea, pero virtualmente sin ninguna instrucción en cuanto a lo que se requiere para dirigir una iglesia que crece. Asimismo, casi no hay posibilidad de que estos pastores, sobrecargados de trabajo como están, puedan alguna vez participar en un programa formal de preparación. Sin embargo, estos son los tenientes del frente de batalla indispensables para el avance del Reino de Dios.

Nadie comprende lo que acabo de decir mejor que mi amigo Héctor Torres. Él ha combinado años de experiencia pastoral práctica con la experiencia adquirida al viajar virtualmente por toda república de América Latina, reuniéndose con líderes de iglesias de toda clase, escuchando sus relatos, riéndose con ellos, llorando con ellos, orando con ellos, y sirviéndoles de mentor. Una de las peticiones más comunes que recibe Héctor, a quien se le considera como un pastor de pastores, es: «Díganos, por favor, cómo dirigir nuestras iglesias más eficazmente y para la gloria de Dios».

Liderazgo: Ministerio y batalla es la respuesta madura y razonada de Torres a esta demanda ampliamente extendida. Este libro es una mina de oro para pastores de cualquier denominación, grupo o iglesia de cualquier tamaño. No es un libro para los que están meramente interesados en sobrevivir. Es un libro para los que quieren avanzar, y abrir nuevos campos para Dios. Es un libro práctico, pero profundamente arraigado en los principios bíblicos del liderazgo.

En resumen, el libro que usted tiene en sus manos contiene más buenos consejos respecto al liderazgo pastoral que lo que la mayoría de graduados de seminario recibe en sus dos, tres o cuatro años de estudio. Si usted es pastor, no lo lea una sola vez, sino dos o tres veces. Si no es pastor, le animo a que compre otro ejemplar para su pastor. Es muy posible que pudiera ser el regalo más valioso que Él reciba en mucho, mucho tiempo.

C. Peter Wagner
Seminario Teológico Fuller
Pasadena, California

Capítulo 1

EL PROPÓSITO DE DIOS CON NUESTRAS VIDAS

*Y sabemos que a los que aman a Dios, todas las cosas les ayudan
a bien, esto es, a los que conforme a su propósito son llamados
(Romanos 8.28).*

*Porque a la verdad David, habiendo servido el propósito de Dios a
su propia generación murió y se reunió con sus antepasados y vio
corrupción (Hechos 13.36. El Nuevo Testamento James Moffat).*

¿HA OBSERVADO CÓMO MUCHOS cristianos que obviamente tienen talento y parecen tener una unción especial del Señor nunca pueden salir adelante? Permanecen con problemas económicos, relacionales o emocionales. Luchan con las circunstancias y las frustraciones, tratando de alcanzar oportunidades sin lograrlo. Yo mismo he pasado por eso, pero he llegado a entender que mi vida está en las manos del Señor y debo confiar en que sus planes y propósitos para mí son de paz y no de desgracia, de bendición y no de maldición. Tengo la esperanza de un mejor porvenir. Su Palabra lo promete:

Porque yo sé los pensamientos que tengo acerca de vosotros, dice Jehová, pensamientos de paz y no de desgracia, para daros un porvenir y una esperanza (Jeremías 29.11, Rev. 77).

Todo individuo se pregunta cuál es la razón de su vivir y para qué ha venido a este mundo. La Biblia nos indica que Dios tiene un plan y un propósito con toda persona. Hay una razón para que cada cristiano se motive a captar la visión de su vida.

Seis ejemplos de la Biblia

La historia de varios personajes bíblicos nos revela la mano de Dios en sus vidas. El Antiguo y Nuevo Testamentos están saturados de ejemplos de individuos que pasaron por situaciones críticas y difíciles —angustias, quebrantos, etc.— que hicieron que percibieran la necesidad de ellas para lograr el propósito de Dios en sus vidas. El primero de estos personajes es José.

José

Cuando José, hijo de Jacob, tenía diecisiete años, Dios le reveló, por medio de dos sueños, su propósito para él. El relato de su vida (Génesis 34—36) nos muestra cómo Dios lleva a cabo sus planes en nuestras vidas. La mano de Dios, su gracia y su favor estaban con su siervo José pese a las dificultades que enfrentó.

Al recibir los sueños de Dios, José se los relató a sus hermanos. Estos ya lo aborrecían porque su padre lo amaba más que a ellos, pero debido a esta nueva revelación lo odiaron aún más. Así que planearon cómo deshacerse de él y se propusieron matarlo. Sin embargo, José aún no cumplía el propósito final de Dios para su generación, de modo que Él intervino enviando a Rubén, su hermano mayor, para impedir que llevaran a cabo sus planes satánicos. Dios, que estaba con José, permitió que lo vendieran a mercaderes ismaelitas que a su vez lo vendieron en

Egipto a Potifar, capitán de la guardia de Faraón. Allí lo prosperó Dios.

Cuando encarcelaron injustamente a José, las circunstancias parecieron empeorar, desde la perspectiva humana, pero la Biblia nos dice: «Pero Jehová estaba con José y le extendió su misericordia, y le dio gracia en los ojos del jefe de la cárcel» (Génesis 39.21).

Allí, en la cárcel, José conoció a dos funcionarios de Faraón e interpretó sus sueños. Años más tarde, Faraón tuvo un sueño de Dios revelándole los planes que tenía para su imperio. Fue entonces que el jefe de los coperos recordó que José le había interpretado su sueño en la cárcel. Así que le habló a Faraón del joven, el cual fue llamado a interpretar el sueño. Cuando José se lo reveló, Faraón le dio una posición de autoridad sobre toda la tierra de Egipto.

En los capítulos siguientes (Génesis 42—46), se revela que a pesar, y por medio, de todas las cosas por las que pasó, Dios cumplió su propósito con José. Aunque el enemigo hizo todo lo posible para impedir la realización de los planes de Dios, la vida de su siervo estaba en sus manos desde el principio.

Moisés

Dios tenía un plan y un propósito con Moisés. En la época en que nació, Faraón ordenó que mataran a todo varón que naciera a los hijos de Israel. Sin embargo, Dios preservó la vida de Moisés usando a la hija del mismo Faraón. Ella permitió, sin saberlo, que la madre del niño lo criara, y hasta le pagó por hacerlo. Vemos en cada etapa de la vida de Moisés que Dios obró para guiarlo hasta el momento en que sacó a su pueblo de la esclavitud en Egipto.

Dios tenía un propósito con su vida: Moisés sería el

libertador de su pueblo y así fue. Aunque cometió errores en el camino (mató a un egipcio y tuvo que huir de Egipto) y al parecer malgastó su vida (cuidando ovejas lejos de su pueblo), el Señor sabía lo que estaba haciendo, y Moisés cumplió el propósito de Dios para su generación. Al fin de su jornada, la Biblia nos dice: «Y murió allí Moisés siervo de Jehová, en la tierra de Moab, conforme al dicho de Jehová» (Deuteronomio 34.5).

David

Dios tenía el propósito de convertir a David en rey de Israel. Jehová envió al profeta Samuel a Belén porque allí se había «provisto de rey» (1 Samuel 16.1). Samuel ungió a David como rey de Israel cuando Dios le dijo: «Levántate y úngelo, porque éste es» (v. 12), pero el relato de su vida nos revela que pasó por grandes dificultades y por circunstancias difíciles para llegar a ese puesto. El rey Saúl trató de matarlo varias veces. David fue héroe, pero también fugitivo. Tuvo que esperar muchos años y pasar momentos de temor y duda, mas Dios intervino una y otra vez, hasta cumplir su propósito con la vida de David para su generación. En cuanto a eso la Biblia afirma: «David, habiendo servido a su propia generación *según la voluntad* de Dios, durmió...» (Hechos 13.36).

Jesucristo

El propósito de Dios con la vida de Jesús fue pagar el precio de nuestro pecado en la cruz y reconciliarnos con Él, el Padre, mediante el derramamiento de su sangre preciosa. Y además, establecer el Reino de Dios y entronar a su hijo Jesucristo como Rey de reyes y Señor de señores. Jesús es el ejemplo ideal del cumplimiento del propósito de Dios en una vida. No solo sabía cuál era el propósito de Dios, sino que además lo obedeció a la perfección.

Desde el principio, Satanás trató de matar a Jesús e impedir que Dios cumpliera el propósito con su vida. Mateo nos relata que el rey Herodes buscó al niño para matarlo, pero Dios envió un ángel para prevenir a José y anunciarle que llevara el niño a Egipto, donde estuvieron hasta la muerte de Herodes.

Años después, cuando Jesús comenzó su ministerio, los demonios trataron de desacreditarlo (Marcos 1.23-26). Como eso no resultó, los líderes religiosos comenzaron a acecharlo (Marcos 3.2). Satanás hasta trató de usar a Pedro para evitar que se cumpliera el propósito divino (Marcos 8.32-33). Pero a pesar de toda la oposición, Jesús pudo decir desde la cruz: «Consumado es» (Juan 19.30).

Pablo

El libro de los Hechos igualmente nos revela el plan de Dios con la vida de Pablo. Después de su encuentro con Jesús en el camino a Damasco, Pablo quedó ciego y fue enviado a la ciudad a esperar. El Señor entonces escogió a un discípulo llamado Ananías para que le impusiera las manos y recobrara la vista. Dios le dijo a Ananías: «Ve, porque *instrumento escogido* me es este, para llevar mi nombre en la presencia de los gentiles, y de reyes, y de los hijos de Israel: porque yo le mostraré cuánto le es *necesario padecer* por mi nombre» (Hechos 9.15-16). Cuando Ananías oró por Pablo, también le profetizó:

> El Dios de nuestros padres *te ha escogido* para que conozcas *su voluntad*, y veas al Justo, y oigas la voz de su boca. Porque serás testigo suyo a todos los hombres, de lo que has visto y oído (Hechos 22.14-15).

Muchas fueron las formas en que el enemigo trató de matar a Pablo. Las Escrituras revelan que los judíos lo azotaron cinco veces con treinta y nueve azotes, tres veces azotado con varas, una apedreado y dejado por muerto; además, naufragó tres veces en alta mar, fue picado por una serpiente venenosa en la isla de Malta y sufrió peligros de toda clase. Mas el Señor estaba con él protegiéndolo y cuidándolo porque tenía un plan y un propósito con su vida para su generación. Al final de su vida pudo decir:

> He peleado la buena batalla, he acabado la carrera, he guardado la fe (2 Timoteo 4.7).

El propósito de Dios con mi vida

El primer domingo de febrero de 1976, mi esposa y yo conocimos al Señor Jesucristo como nuestro Salvador en la iglesia *Church on the Way* [Iglesia del Camino], en Van Nuys, California. Acababa de cumplir los treinta años de edad. Igual que en la experiencia de Pablo, sentí como si se me hubieran removido escamas de los ojos. Al salir de la iglesia, sentí que una pesada carga cayó de mis hombros. Veía los colores y la luz de una forma más brillante. Mi nuevo ser espiritual estaba hambriento y sediento de la palabra de Dios. Sin embargo, no me imaginaba que el Señor tenía un plan especial para mí.

Hoy, al examinar el curso de mi vida, veo cómo el Señor me ha preservado, y esto me hace creer que está protegiendo el propósito que tiene conmigo. Les daré varios ejemplos.

A la edad de siete años encontré un taco de dinamita que se usaba en los llanos orientales de Colombia para pescar el alimento de los obreros. Este pequeño objeto de aluminio con pólvora parecía un cigarrillo, y tenía un fósforo que encendía la mecha para explotar su contenido. Como niño, ignoraba lo que era o el daño que podía causar, así que lo tomé en mis manos y descuidadamente prendí el fósforo. Para imitar a los adultos que fumaban cigarrillos, lo lleve a mi boca y justo en ese instante, creo yo, Dios me envió a un primo mío, mayor que yo, que al ver el peligroso objeto en mis manos me gritó en voz alta: «¡Tíralo, tíralo!» Al tratar de lanzarlo al aire, y en fracciones de segundos, me explotó en la mano derecha, destrozándome las tres primeras falanges de los dedos. Llevo este recuerdo conmigo para no olvidar que Dios tiene un plan y un propósito para mi vida.

En junio de 1988, mientras viajaba a una remota región de las islas Filipinas para celebrar una cruzada evangelística, fuimos rodeados por guerrilleros comunistas del Ejército Nacional del Pueblo y amenazados con ametralladoras. Después de un diálogo prolongado en el dialecto de ellos con nuestro líder, el pastor filipino Marben Lagmay, los guerrilleros nos dejaron ir porque llevábamos un mensaje de paz.

Un par de años más tarde viajaba en un barco entre las ciudades de Leyte y Manila, en las Filipinas, cuando los motores de la embarcación se dañaron y estuvimos a la deriva por varios días.

En esas y otras ocasiones vi la mano de Dios obrar librándome y protegiéndome. Sé que no importa lo que suceda, Él está conmigo para cuidarme, porque tiene un plan y un propósito para mi vida en esta generación.

En la boca de dos o tres testigos

Un mensaje profético, como el de Ananías a Pablo, me reveló el plan de Dios para mi vida. Algunos meses después, otro reconocido profeta de Dios, Leland Davis, confirmó mi llamado divino como profeta del Señor a las naciones, añadiendo un énfasis para el ministerio de la enseñanza y capacitación de líderes en el cuerpo de Cristo.

Llamados y apartados

Quiero que examinemos juntos un pasaje bíblico muy conocido:

> Y sabemos que a los que aman a Dios, todas las cosas les ayudan a bien, esto es, a los que conforme a su *propósito* son llamados (Romanos 8.28).

La palabra propósito, del griego *prothesis*, según la Biblia Plenitud, sugiere «un plan deliberado, una proposición, un plan anticipado, una intención, un designio[...] La mayoría de los otros usos señalan los propósitos eternos de Dios en relación con la salvación»[1]

En otras palabras, saber que Dios tiene un propósito con su vida es saber que hay un plan anticipado y que, pase lo que pase, Él hará todo para que se desarrolle bien. Aun en las dificultades y el sufrimiento, aun en la más amarga desilusión, aunque maltratados, los cristianos deben saber que Dios obra en medio de esas situaciones; para que se cumplan sus buenos *propósitos* en sus hijos.

Dios tiene un propósito con cada persona. No quiere que nadie se pierda mas que todos lleguen al arrepentimiento. Pero a la misma vez es necesario que cada persona decida si le va a seguir o no. En la vida de todo individuo, Dios presenta una oportunidad para un encuentro con Él, para que podamos cumplir sus propósitos. Esta ocasión es conocida como el llamado, o el llamamiento.

---

1   *Biblia Plenitud*, Editorial Caribe, Miami, FL, 1994, p. 1460.

El apóstol Pablo dice en Gálatas 1.15 que Dios lo *apartó* desde el vientre de su madre, pero lo *llamó* por su gracia cuando tuvo un encuentro con Jesús en el camino a Damasco.

En el caso de Jeremías también vemos que la Escritura dice: «Antes que te formase en el vientre te conocí, y antes que nacieses te santifiqué, *te di por profeta a las naciones*» (Jeremías 1.5). Sin embargo, su llamamiento vino cuando Jehová le dijo: «Mira que te he puesto *en este día* sobre naciones y sobre reinos» (Jeremías 1.10).

Recibí ese llamado el 31 de julio de 1983, un día que siempre me será inolvidable.

En el primer versículo de la epístola de Pablo a los Romanos, el apóstol declara dos momentos significativos en la vida de un ministro de Dios: su llamamiento y su separación. Si logramos comprender la diferencia, a través de la vida de Pablo, entenderemos nuestra situación. Romanos 1.1 dice así:

> Pablo, siervo de Jesucristo, *llamado* a ser apóstol, *apartado* para el evangelio de Dios.

Estos versículos nos indican que tanto el llamado como la separación son por la gracia de Dios.

Capítulo 2

EL LLAMAMIENTO DE DIOS

Yo pues, preso en el Señor, os ruego que andéis como es digno de la vocación con que fuisteis llamados (Efesios 4.1).

Fiel es Dios, por el cual fuisteis llamados a la comunión con su Hijo Jesucristo nuestro Señor (1 Corintios 1.9).

«¿CUÁL ES SU LLAMADO?» pudiera alguien preguntarnos. Pero, ¿qué es un llamado? Veamos qué quiere decir esta palabra tan usual en el medio cristiano.

Llamado viene del término griego *kaleo*, que se puede usar para convocar o invitar. También se puede traducir como *destino* en algunos casos. En base a lo anterior, podemos decir que el llamado o llamamiento es una invitación a que vivamos según la voluntad de Dios durante nuestra permanencia en la tierra.

Todo creyente tiene un llamamiento de Dios, «quien nos salvó y llamó con llamamiento santo, no conforme a nuestras obras, sino según el propósito suyo y la gracia que nos fue dada en Cristo Jesús antes de los tiempos de los siglos» (2 Timoteo 1.9), pero esto requiere algunas condiciones. Primero, reconocer el llamamiento; segundo, aceptarlo internamente; tercero, prepararnos; cuarto, esperar hasta que el Señor nos aparte para cumplirlo. Trataremos estos puntos a través del libro.

El llamamiento de Dios para todo individuo es diferente e irrevocable. Dios nos escogió y determinó nuestra vocación. El apóstol Pablo dice que fuimos llamados en una esperanza de nuestra vocación (Efesios 4.4). *Vocación* significa una profesión, una carrera. Hay vocaciones como la de un maestro, un médico o un abogado. También Dios nos da una vocación en el campo espiritual. Para algunos puede ser el llamamiento a ser apóstoles, a otros profetas, a otros evangelistas, a otros pastores y maestros. Otros serán intercesores, misioneros, salmistas, administradores, exhortadores, ayudadores, dadores. Algunos son llamados a servir en una vocación espiritual, y otros a servir como negociantes, profesionales, políticos, periodistas, atletas, etc. En todas ellas somos embajadores del Reino de Dios y ministros de reconciliación. Hay una gran variedad de llamamientos, y todos son dados según la gracia de Dios.

Cualquiera que sea la vocación a la que somos llamados, ya sea natural o espiritualmente, solo tendremos paz en nuestros corazones cuando estemos en la buena, agradable y perfecta voluntad del Señor. Solo tendremos paz cuando nos sometamos a la dirección del Señor y no simplemente nos conformemos con las apariencias; cuando aceptemos el llamamiento de Dios y dejemos de tratar de ser o hacer algo contrario a ese llamamiento. Pablo nos dice: «No os conforméis a este siglo, sino transformaos por medio de la renovación de vuestro entendimiento, para que comprobéis cuál sea la buena voluntad de Dios, agradable y perfecta» (Romanos 12.2).

Nunca podremos sentirnos felices ni satisfechos, y mucho menos tener éxito, si tratamos de forzar un ministerio o una vocación a la cual no hemos sido llamados. Es muy importante aclarar que Dios tiene un llamamiento y un tiempo de separación para todo creyente, aunque no se someta a la voluntad de Él. Veo a muchos cristianos amargados y frustrados porque no se someten ni aceptan la voluntad de Dios para sus vidas. No esperan el tiempo de su preparación. Se lanzan al ministerio por sí mismos, tratando de forzar a Dios, y no ven el fruto de su labor. Dios no bendice lo que se hace fuera de su voluntad o de su tiempo.

El llamamiento al liderazgo

A veces nos cuesta creer que el Señor tiene un llamamiento para nosotros. Es algo que algunos no comprendemos. Nos preguntamos: «¿Quién soy *yo* para que el Señor me llame? ¿Quién soy para que el Señor me use? ¿Cómo puede Dios usar un vaso imperfecto, ignorante y necio?

Pensamos, obramos, hacemos y decimos —según nuestra naturaleza carnal— lo necesario para prepararnos a fin de lograr lo que nos proponemos en la vida. Pero el Señor nos dice: «Porque mis planes no son como tus planes, ni mis caminos como tus caminos, declara el Eterno Dios» (Isaías 55.8, Moffat). Aunque ignoremos lo que nos tiene preparado, Dios interrumpe nuestros planes y nos dice como a Abraham: Vete de tu tierra ... de la casa de tu padre, a la tierra que [*Yo*] te mostraré (véase Génesis 12.1-4). Él nos promete que si obedecemos su llamado, nos bendecirá; pero si desobedecemos, perderemos esa bendición.

El Señor nos llama y nos dice: «No digas: Soy joven; no digas: no sé hablar; no digas: no tengo educación teológica; no digas: estoy cansado; no preguntes: ¿Quién soy?» Él nos promete: «Porque a todo lo que te envíe irás tú, y dirás todo lo que te mande» (Jeremías 1.7).

Dios llama a hombres y mujeres creyentes para ser líderes. Los prepara y les encomienda la labor de capacitar a otros creyentes para el ministerio. Nuestro corazón debe ser puro y estar rendido al Señor para poder escuchar. Después, mientras lo escuchamos y le obedecemos, nuestra fe crecerá. Cuando desarrollemos nuestra fe, aprenderemos a escuchar su voz y nos dirá las grandes cosas que desea hacer a través de nosotros.

El tiempo de preparación

Desde que nos llama, Dios comienza a prepararnos para el momento en que nos apartará para la obra a que nos llamó. El tiempo de preparación depende de nosotros, de nuestra obediencia, de nuestra fidelidad, de nuestro compromiso. Cuando Dios se satisface con nuestra madurez y desarrollo espiritual, cuando purga de nosotros lo que nos impide servirle y nos rendimos a Él, entonces es el momento de promovernos. Como el estudiante universitario que, después de pagar el precio para culminar su carrera, recibe su grado; para luego ejercer su profesión con el reconocimiento de sus maestros y autoridades.

El período de preparación puede ser breve o prolongado. Para José, pasaron trece años desde su llamado a su separación como segundo en autoridad en Egipto. Para Moisés, fueron cuarenta duros años de servicio a su suegro, en Madián, antes de su separación como enviado de Dios para sacar al pueblo de Israel de la tierra de Egipto. Para David, transcurrieron dieciocho años antes de acceder al trono de Israel. En la vida de Pablo, fueron unos diecisiete años desde que recibió su llamado hasta que fue separado para el ministerio en Antioquía.

Leamos el testimonio de Pablo:

Pero cuando agradó a Dios, que me apartó desde el vientre de mi madre, y me llamó por su gracia, revelar a su hijo en mí, para que yo le predicase entre los gentiles, no consulté en seguida con carne y sangre, ni subí a Jerusalén a los que eran apóstoles antes que yo; sino que fui a Arabia, y volví de nuevo a Damasco. Después, pasados tres años, subí a Jerusalén para ver a Pedro, y permanecí con él quince días; pero no vi a ningún otro de los apóstoles, sino a Jacobo el hermano del Señor. En esto que os escribo, he aquí delante de Dios que no miento. Después fui a las regiones de Siria y de Cilicia, y no era conocido de vista a las iglesias de Judea, que eran en Cristo; solamente oían decir: Aquel que en otro tiempo nos perseguía, ahora predica la fe que en otro tiempo asolaba. Y glorificaban a Dios en mí. Después, pasados catorce años, subí otra vez a Jerusalén con Bernabé, llevando también conmigo a Tito (Gálatas 1.15—2.1).

Mi llamamiento fue el 31 de julio de 1983. Desde ese momento, comencé a prepararme para la hora en que Dios me separaría. El día 5 de febrero de 1989, el presbiterio de la iglesia, junto con varios profetas y maestros, después de orar y ayunar, mediante la imposición de manos, me apartó para la obra a la cual me llamó el Señor. Hicieron conmigo igual que los profetas y los maestros de Antioquía con Saulo y Bernabé.

Muchos cristianos reconocen el llamamiento de Dios, pero nunca llegan al momento de su separación. ¿Por qué? Entre otras cosas, porque no demuestran *fidelidad*, que es el principio más importante ante Dios para alcanzar la separación. Pablo dice que «se requiere de los administradores, que cada uno sea hallado fiel» (1 Corintios 4.2).

Capítulo 3

EL REQUISITO DE DIOS: LA FIDELIDAD

*El que es fiel en lo muy poco, también en lo más es fiel; y el que
en lo muy poco es injusto, también en lo más es injusto... Y si en
lo ajeno no fuisteis fieles, ¿quien os dará lo que es vuestro?*
(Lucas 16.10, 12).

*Doy gracias al que me fortaleció, a Cristo Jesús nuestro Señor,
porque me tuvo por fiel, poniéndome en el ministerio*
(1 Timoteo 1.12).

ACLARADO YA QUE TODO CRISTIANO tiene un llamado de
Dios para su vida, debemos también saber que hay un
tiempo entre este y la separación. La separación de Dios
viene cuando el Espíritu Santo nos prepara para la obra.
Es más, es el Espíritu Santo mismo quien interviene para
que el liderazgo reconocido, el que Dios ha puesto en
autoridad, *oiga* de Él *y confirme* la hora mediante la imposición de manos.

Dios usa este tiempo de preparación para que demos-
tremos nuestra *fidelidad* en la obra de otros. Debemos
servir fielmente mientras Dios nos prepara para el ministerio. Así como se tiene que pagar el precio de la cruz antes
de poder ver la gloria de la resurrección, es la fidelidad en

el presente lo que le introducirá al ministerio. Solo cuando Jesús le halle fiel le separará y le ungirá con su poder para el ministerio al que le llamó.

La base del ministerio es la *fidelidad*, y no los talentos ni la habilidad que usted tenga ante Dios. El carácter es mucho más importante que la capacidad. Esta, así como las habilidades, puede enseñarse, pero el carácter demostrado por la fidelidad es evidencia del fruto de Dios en la vida del creyente.

Cuando el poder del Espíritu Santo se *manifiesta*, evidencia ante el mundo lo que Él puede hacer *a través de* nosotros. Dios usó a una burra, por lo tanto puede usarme también a mí. El único requisito es estar dispuesto y obedecer a Dios. Además, cuando el *fruto* del Espíritu Santo se manifiesta, evidencia ante el mundo lo que Él hace *en* nosotros. Mi nivel de madurez espiritual no se mide por las *manifestaciones* del poder de Dios, sino por mis *reacciones* ante los momentos de crisis.

Un siervo fiel es aquel que hace lo que se le pide, pese el precio o al sacrificio. Hay muchas personas que poseen múltiples talentos, pero son muy pocas las verdaderamente fieles. Casi siempre los que son hábiles, y tienen talentos y capacidades, se aman a sí mismos. Pablo dice que el conocimiento envanece (1 Corintios 8.1). El que solo tiene talentos ama *su* ministerio, mas el que es *fiel* ama a su maestro, a su pastor, a su líder y al ministerio al que se somete.

Al Señor le interesa más tu madurez que tu ministerio. Ministrar nunca produce madurez, pero la madurez *siempre* produce ministerio. Dios está comprometido con los que son maduros. La persona que se lance al ministerio antes de pagar el precio de la preparación y demostrar su fidelidad siempre causará mucho daño. La inmadurez destruye el ministerio; la madurez *edifica* al ministerio.

Las personas maduras están dispuestas a dejar el llamamiento, sus planes y su agenda, cuando esta, los planes o el tiempo de Dios son diferentes. Y lo hacen porque confían en Dios y en su fidelidad, sabiendo que fiel es el que ha prometido (Hebreos 11.11).

Sé fiel o Dios cancelará la bendición

Moisés

Cuando hacemos las cosas sin orden, o antes de tiempo, cancelamos la bendición de Dios respecto a nuestro llamamiento. Moisés tenía una carga por su pueblo, y viendo la aflicción y la necesidad de ellos, se lanzó a cumplir el llamamiento que llevaba en su corazón. Mató al egipcio que maltrataba a uno de los suyos. Pero, todavía no había llegado su hora de separación. La separación y la unción del Señor para liberar al pueblo de Israel del cautiverio no reposaba sobre él todavía. Ante el Señor, no había llegado su hora de separación, por lo cual, aun su propio pueblo no reconoció su esfuerzo y Moisés tuvo que huir y pasar cuarenta años de preparación bajo la autoridad de su suegro Jetro.

Moisés fue probado en cuanto a su madurez. Jetro fue el instrumento que Dios usó para probarlo en las áreas de la fidelidad y la madurez. Todo ministerio requiere responsabilidad ante una autoridad. Toda autoridad se somete ante el consenso autoritativo. El mismo Jesucristo se sometió a la autoridad del Padre celestial. Así pues, cuando Jehová lo llamó para separarlo diciendo: «Ven, por tanto ahora, y te enviaré a Faraón, para que *saques de Egipto a mi pueblo*» (Éxodo 3.10), lo primero que hizo Moisés fue ir a su suegro, contarle lo que Dios le llamó a hacer y pedirle su bendición:

> Así se fue Moisés, y volviendo a su suegro Jetro, le dijo: Iré ahora, y volveré a mis hermanos que están en Egipto, para ver si aún viven. Y Jetro dijo a Moisés: Ve en paz (Éxodo 4.18).

Una vez que hizo las cosas correctamente, el Señor le dio la orden de salir a cumplir su llamado: «Dijo entonces Jehová a Moisés: Ve y vuélvete a Egipto, porque han muerto todos los que procuraban tu muerte» (Éxodo 4.19).

Eliseo

En 1 Reyes 19.19 vemos el *llamamiento* de Eliseo al ministerio. Cuando el profeta Elías pasó por donde Eliseo araba, echó sobre él su manto; es decir, lo llamó a seguirle y prepararse para recibir el manto profético de Dios. Por diez años, Eliseo le sirvió a Elías, lo amó como un padre y amó su ministerio.

En 2 Reyes 2.1-15 observamos que cuando llegó la hora de su *separación* al ministerio profético, Eliseo permaneció junto a Elías insistiéndole que no lo dejaría. Cuando Elías le dijo a su siervo: «Pide lo que quieras», notemos que Eliseo no le pidió *su propio* ministerio sino sus derechos como hijo primogénito, una doble porción del ministerio de Elías: «Te ruego que una doble porción de tu espíritu sea sobre mí». Cuando Elías fue tomado por Dios el clamor de Eliseo fue: «¡Padre mío, padre mío...» Fue entonces que Eliseo recogió el manto de Elías y comenzó su ministerio profético. Viéndolo unos profetas que estaban en Jericó dijeron: «El espíritu de ELÍAS reposó sobre Eliseo».

Lucifer

La Biblia nos revela que Lucifer se rebeló contra Dios. Sus planes y ambiciones eran suplantar al Todopoderoso. Rehusó servir fielmente al Señor y se levantó contra Dios, llevándose consigo a un tercio de los ángeles.

> ¡Cómo caíste del cielo, oh Lucero, hijo de la mañana! Cortado fuiste por tierra, tú que debilitabas a las naciones. Tú que decías en tu corazón: Subiré al cielo; en lo alto, junto a las estrellas de Dios, levantaré *mi* trono, y en el monte del testimonio me sentaré, a los lados del norte; sobre las alturas de las nubes subiré, y *seré* semejante al Altísimo. Mas tú derribado eres hasta el Seol, a los lados del abismo (Isaías 14.12-15).

> Después hubo una gran batalla en el cielo: Miguel y sus ángeles luchaban contra el dragón; y luchaban el dragón y sus ángeles; pero no prevalecieron, ni se halló ya lugar para ellos en el cielo. Y fue lanzado fuera el gran dragón, la serpiente antigua, que se llama diablo y Satanás, el cual engaña al mundo entero; fue arrojado a la tierra, y sus ángeles fueron arrojados con él (Apocalipsis 12.7-9).

Lucifer se creía capaz de superar a Dios. No quiso someterse al plan de Dios para su vida. El resultado es que hoy es adversario de Dios y no su siervo.

Padres e hijos

La relación entre Jetro y Moisés era de padre e hijo. La relación entre Elías y Eliseo era de padre e hijo. La recompensa les vino después de haber servido fielmente a los que estaban en autoridad sobre ellos. La relación entre un líder y su pastor o su apóstol o maestro también debe ser como la de padre e hijo, o como la del Padre y el Hijo.

Jesús les dijo a sus discípulos que el que no es fiel en lo ajeno *no podrá* tener lo suyo. La persona infiel trata de servir a otro y a la vez servirse a sí mismo. Esto no es posible. No podemos servir a dos señores.

> Y si en lo ajeno no fuisteis fieles, ¿quién os dará lo que es vuestro? Ningún siervo puede servir a dos señores; porque o aborrecerá al uno y amará al otro, o estimará al uno y MENOSPRECIARÁ al otro (Lucas 16.12-13).

Proverbios 20.6 afirma: «Muchos hombres proclaman cada uno su propia bondad, pero hombre de verdad [FIEL], ¿quién lo hallará?» Proverbios 28.20 dice: «El hombre de verdad [FIEL] tendrá muchas bendiciones».

Cuando llegue la hora de la recompensa el Señor no dirá: «Bien, siervo bueno y capaz», sino que dirá: «Bien, siervo bueno y *fiel*».

Cuando una persona hace lo que desea sin la bendición de Dios, cancela la bendición de su llamamiento. Si eres llamado por Dios, debes seguir el ejemplo de Moisés después de su llamamiento. Aunque tuvo un encuentro con Dios, en el que este lo llamó, fue antes a Jetro para pedirle su bendición y que le diera la libertad para cumplir el mandato divino. De esta forma Moisés demostraba su fidelidad a su suegro, para quien trabajaba.

La fidelidad se manifiesta en la lealtad para servir y cumplir nuestras obligaciones y deberes para con otros. La señal de madurez cuando una persona fiel comete una infidelidad, es que tiende a arrepentirse con prontitud.

Soy parte del grupo de unas cuarenta personas que fundó la iglesia a la que asistí por catorce años. Durante estos años el Señor me llamó a servir como maestro de Escuela Dominical, director de adoración y alabanza, pastor de jóvenes universitarios, pastor de jóvenes, miembro de la junta de misiones, anciano, predicador, pastor de los hispanos y otras cargos. Traté de ser fiel a Dios y a los líderes de la iglesia en todo lo que se me pidió hacer. Ahora puedo ver el fruto de mis labores y mi fidelidad. Para ser sincero, me pregunto cómo es que Dios puede usarme. No he tenido la educación teológica que muchos ministros tienen. La respuesta es clara: La fidelidad trae recompensa para el que espera en el Señor. Isaías 40.30-31 dice: «Los muchachos se fatigan y se cansan, los jóvenes flaquean y caen; pero los que *esperan* a Jehová tendrán nuevas fuerzas; levantarán alas como las águilas; correrán, y no se cansarán; caminarán, y no se fatigarán». El Señor nos exhorta a que «no nos cansemos, pues, de hacer bien; porque a *su* tiempo segaremos, si no desmayamos» (Gálatas 6.9).

Las recompensas de la fidelidad

Dios escogió a Moisés por su fidelidad, no por sus cualidades. En el libro de Números, capítulo doce, hallamos una situación en la que María y Aarón tuvieron un conflicto con Moisés y hablaron contra él. Dios escuchó lo que ellos creían que estaban hablando en secreto y prontamente los llamó a cuentas. Los mandó al tabernáculo de reunión, donde se les apareció en la columna de nube a la puerta del tabernáculo y les dijo: «Oíd ahora mis palabras. Cuando haya entre vosotros profeta de Jehová, le apareceré en visión, en sueños hablaré con él». Tanto Aarón como María servían en el oficio de profetas, y el Señor les estaba confirmando que le podían escuchar. Sin embargo, Dios no los había llamado a gobernar la nación de Israel, de modo que procedió a resolver el problema de su líder, diciendo: «No es así a mi siervo Moisés, que es FIEL en toda mi casa. Cara a cara hablaré con él, y claramente, y no por figuras; y verá la apariencia de Jehová. ¿Por qué, pues, no tuvisteis temor de hablar contra mi siervo Moisés?»

Aarón y María cometieron una de las peores ofensas ante Él, como era enjuiciar al escogido de Dios. El resultado fue una severa represión y la ira del Señor se encendió contra ellos. María recibió lepra y fue públicamente echada del campamento por siete días. Aarón, viendo lo que le había sucedido a su hermana, clamó a Moisés de inmediato, reconociendo su pecado y pidiendo su misericordia.

Bob Yandian, en su libro *Calling and Separation* [Llamamiento y separación] dice:

> Las personas altamente calificadas son casi siempre celosas de los que por su fidelidad tienen éxito. Es más, muchos de los salmos de David son escritos acerca de personas de esta índole que envidiaban la posición de David y el favor de Dios con él. Este batalló contra sus hermanos, el rey Saúl, miembros de su corte, y aun sus propios hijos. David, que no era más que un simple pastorcillo, fue promovido por Dios. Cometió muchos errores como rey, cayó en grandes pecados, pero siempre se arrepintió y subió a la cúspide nuevamente.[1]

Tanto Moisés como David, tenían algo que los llevaba a triunfar: su fidelidad y su espíritu sencillo y dócil. Cuando eran enfrentados por sus errores, eran prontos en autoexaminarse y reconocerlos. La Biblia dice:

> El Señor se levanta en batalla contra los escarnecedores y arrogantes, dando gracia y defendiendo a los sencillos y humildes de corazón. En su trato con los arrogantes, Él es fuerte, más a los humildes muestra su

---

1   Bob Yandian, *Calling and Separation* [Llamamiento y separación], Pilar Books & Publishing Tulsa, OK, 1991, p. 28.

misericordia (Proverbios 3.34, 35, New American Bible
[Nueva Biblia Americana]).

Ninguna persona comienza su carrera profesional en
la cúspide. Asimismo en la iglesia, la fidelidad se demuestra cuando servimos a otros. Proverbios 28.20 dice que: «El
hombre de verdad [Fiel] tendrá muchas bendiciones; mas
el que se apresura a enriquecerse no será sin culpa».

Una lección personal

Hace algunos años, en la iglesia que pastoreaba en Mesa,
Arizona, pude aprender muchas cosas, algunas muy dolorosas, por no reconocer este concepto. Como muchos
pastores, generalmente ponemos nuestra mirada en los
talentos y las habilidades en vez del carácter y la fidelidad.

Cuando un pastor busca a una persona para servir en
una área necesitada, ¿cuáles características son las que la
Palabra de Dios nos instruye a buscar? Pablo le ordenó a
Timoteo que buscara personas fieles, no a gente capacitada, sino fieles.

> Lo que has oído de mí ante muchos testigos, esto *encar-
> ga a hombres fieles* que sean idóneos para enseñar tam-
> bién a otros (2 Timoteo 2.2).

Timoteo probablemente pensó como yo. «Dios mío, las
personas fieles casi siempre son aquellas que no tienen
muchos talentos o habilidades perceptibles». Son los que
siempre están sonrientes y llevan su Biblia. Son los primeros que llegan a la iglesia y los últimos que se van. Siempre
están haciendo preguntas. Están dispuestos para todo lo
que se les necesite.

El Señor me ordenó que dejara de dirigir la adoración
y la alabanza en la iglesia que pastoreaba para concentrar-

me en el estudio de la Palabra de Dios y la oración. Por varios meses, busqué a la persona que pudiera hacerlo a mi gusto. No encontré a nadie en la iglesia con el talento necesario para dirigir este ministerio tan importante. Buscaba a alguien con una voz fuerte y angelical, un alto nivel de discernimiento espiritual, una unción profética y un administrador que pudiera encargarse de todos los aspectos de este ministerio.

Después de varios meses de búsqueda infructuosa pensé volver a hacerlo. Oraba al Señor en busca de su voluntad cuando Él me dijo: «¿Has considerado a mi sierva Tina para dirigir el ministerio de alabanza?» ¿Tina? Su nombre nunca había pasado por mi mente. Desafinaba, no hablaba muy bien el castellano y a veces profetizaba en inglés. El Señor estaba bromeando. Tina era la antítesis de la persona que estaba buscando.

El Señor me recordó que el administrador que yo buscaba requería algo en especial: fidelidad. Tina era la persona más fiel en toda la iglesia. Desde su fundación, nunca faltó al ensayo del grupo de alabanza. Era siempre la primera en llegar y la última en salir. La que recogía los instrumentos, los micrófonos, los cables; en resumen: hacía todo. En ese momento, el Señor me enseñó algo que no he olvidado. Yo buscaba talentos, pero Dios busca fidelidad. Me mostró mi propia fidelidad antes de recibir el cargo del pastorado. Basta decir que Tina se preparó, comenzó a tomar clases de canto, de computadora, y empezó a leer libros de liderazgo. Cumplió el requisito de Dios: siguió siendo fiel. Además, llegó a ser una tremenda directora del ministerio de alabanza.

Capítulo 4

APARTADO AL MINISTERIO

Había entonces en la iglesia que estaba en Antioquía, profetas y maestros: Bernabé, Simón el que se llamaba Niger, Lucio de Cirene, Manaén el que se había criado junto con Herodes el tetrarca, y Saulo. Ministrando éstos al Señor, y ayunando, dijo el Espíritu Santo: APARTADME a Bernabé y a Saulo para la obra a que los he LLAMADO (Hechos 13.1-2).

Pablo, siervo de Jesucristo, LLAMADO a ser apóstol, APARTADO para el evangelio de Dios (Romanos 1.1).

EL APARTAMIENTO O LA SEPARACIÓN al ministerio es el momento en que Dios reconoce públicamente el llamamiento de un individuo, derramando sobre este la unción para llevar a cabo su propósito con él. Es la oficialización del llamado ante el Cuerpo de Cristo. Además, establece la gran responsabilidad de hablar la Palabra de Dios y ejercer su autoridad.

El momento de la separación al ministerio es lo que conocemos como *ordenación*. Este término se deriva de dos cosas: mandato y orden. Es un mandato de Dios, y establece un orden de autoridad. La ordenación es parte del gobierno eclesiástico establecido por Dios. Solo Dios ordena, aunque usa instrumentos humanos para hacerlo. Hay muchos ejemplos bíblicos de este momento de ordenación.

Por ejemplo, en 1 Crónicas 9.22-33, David y Samuel

escogieron a doscientas doce personas y las constituyeron (ordenaron) para servir en el oficio de levitas, cumpliendo diferentes cargos según el llamado de cada individuo.

Jesucristo también vio la necesidad de confirmar un grupo de hombres que mostraron fidelidad. Los ordenó para el ministerio de la predicación de la Palabra, para echar fuera demonios y sanar a los enfermos. Con esta ordenación, les delegó «la autoridad o el derecho de actuar, habilidad, privilegio, capacidad»,[1] de ministrar a las necesidades del pueblo.

> Después subió al monte, y llamó a sí a los que Él quiso; y vinieron a Él. Y *estableció* [ordenó] a doce, para que estuviesen con Él, y para enviarlos a predicar, y que tuviesen autoridad para sanar enfermedades y para echar fuera demonios (Marcos 3.13-15).

Es interesante notar que Jesús *llamó* a los que *Él* quiso, no a los que quisieron ser llamados.

Otro ejemplo se encuentra en Hechos 13.1-4. Ahí vemos cómo el Espíritu Santo reveló la ordenación de Pablo y Bernabé:

> Dijo el Espíritu Santo: apartadme a Bernabé y a Saulo para la obra a que los he llamado (Hechos 13.2).

Entonces, los otros líderes de la iglesia de Antioquía los apartaron al ministerio imponiéndoles las manos. Luego los enviaron a la obra misionera. «Algún tiempo después, Pablo y Bernabé siguieron el mismo plan y viajaron de ciudad en ciudad confirmando a los discípulos y *ordenando* ancianos en las iglesias (14.22-23)».[2]

---

1 Véase «Riqueza literaria: autoridad», *Biblia Plenitud*, Editorial Caribe, Miami, FL, 1994, p. 1251.
2 *Biblia Plenitud*, Editorial Caribe, Miami, FL, 1994, p.1411.

En su carta a Tito, Pablo le encomienda ordenar líderes en cada ciudad, dada la gran necesidad de ministrar a una iglesia en avivamiento. «Por esta causa te dejé en Creta, para que corrigieses lo deficiente, y establecieses [ordenases] ancianos en cada ciudad, así como yo te mandé» (Tito 1.5). (La palabra *ancianos* indica personas maduras en cuanto al entendimiento y la experiencia espiritual.)

La separación es algo que regula el curso de la vida de un cristiano. Cuando Timoteo empezó a dudar acerca de su ministerio, Pablo lo exhortó a no descuidar el don ministerial que le «fue dado mediante profecía con la imposición de las manos del presbiterio» (1 Timoteo 4.14). La *Biblia Plenitud* comenta que: «La referencia alude a la ocasión cuando los ancianos de Iconio y Listra pusieron sus manos sobre Timoteo y profetizaron acerca de los dones y propósitos de Dios en relación con él. La imposición de manos, acompañada de profecía, es uno de los medios que emplea el Espíritu Santo para revelar su voluntad y propósitos a sus siervos. Pablo insta a Timoteo a ejercitar su don».[3] Esta era la *voluntad* y el *propósito* de Dios con la vida de Timoteo, las cuales se establecieron en su separación.

Mi separación al ministerio

Y Jehová me respondió, y dijo: *Escribe la visión*, y declárala en tablas, para que corra el que leyere en ella. Aunque la visión tardará aún por un tiempo, mas se apresura hacia el fin, y no mentirá; aunque tardare, espéralo, porque sin duda vendrá, no tardará (Habacuc 2. 2-3).

---

3   *Íbid*, nota a 4.14, p. 1597.

El día 5 de febrero de 1989, en la Iglesia Palabra de Gracia, en Mesa, Arizona, Estados Unidos, el liderazgo de la iglesia convocó un presbiterio de pastores, maestros y profetas de la ciudad y a nivel internacional. El mismo estuvo formado por las siguientes personas: Gary Kinnaman, Dick Mills, Hal Sacks, Mark Buckley, Ron Woodworth, Leonard Griffin, Al Ells y Robert Blayter.[4]

Cada uno de estos ministros de Dios pronunció palabras proféticas del Señor, entre ellas las siguientes.

El doctor Gary Kinneman:

«Has esperado este momento por muchos años. Veo un paralelo con la vida de Jesús, treinta años de preparación, servicio y crecimiento en favor ante Dios y los hombres. Luego la unción desciende sobre el Señor Jesús en las aguas del Jordán. Esto cambia su vida dramáticamente. Veo algo similar en tu vida. Has esperado, has sido paciente, aun contra tus sueños, tus deseos y tu energía personal. Has esperado y esperado, y de pronto el Señor ha dicho: "Ya es la hora". Creo que es la hora de Dios para tu vida. La multitud, la animación y la energía que se hizo presente en el culto de esta mañana es solo una prueba de lo que Dios va a hacer en tu ministerio.

Señor, te agradezco, por el espíritu, la unción, la hos-

---

4   Gary Kinnaman, DD , autor, maestro, miembro de la Red de Guerra Espiritual. Pastor de la Iglesia Word of Grace, Mesa, Arizona.
      Mark Buckley, escritor de Charisma Magazine, pastor de la Iglesia Community of Living Streams, Phoenix, Arizona.
      Hal Sacks, pastor de pastores, presidente del Ministerio El Shaddai, miembro de la Red de Guerra Espiritual.
      Ron Woodworth, profeta, salmista, anfitrión de TV.
      Al Ells, autor, director del Centro Samaritano de Consejería y Asesoramiento.
      Leonard Griffin, pastor de la Iglesia Covenant of Grace, Phoenix, Arizona.
      Robert Blayter, maestro.
      Dick Mills, profeta internacional.

pitalidad, el amor, la gracia y el fervor que has puesto en Héctor y Myriam, su esposa. Esta noche los estás reconociendo. Eso lo haces tú, Señor, es tu obra. Impongo manos en mi amigo, mi colaborador en el evangelio. Lo reconozco públicamente, como un hombre dotado, maduro y líder en el Cuerpo de Cristo. Y ordenamos a Héctor y Myriam para ejercer el ministerio de servicio, enseñanza, profecía y sanidad. En el nombre del Padre, del Hijo y del Espíritu Santo».

El profeta y pastor Ron Woodworth:

«El Señor te dice esto: Mi pueblo es destruido por falta de conocimiento. Mas te estoy equipando con un conocimiento profético y con perspicacia. Donde te enviaré, vas a necesitar mi poder. Sabes que mi Hijo Jesús anduvo haciendo bienes y sanando a todos los oprimidos por el diablo. Esta noche te unjo a ti y a tu esposa, la compañera de tu juventud, con una doble unción para batallar contra principados y poderes y toda clase de espíritus de tinieblas. Aunque ahora están muy nerviosos. Dice el Señor: "Porque irás a donde te envío en el poder del evangelio del Cristo resucitado. No irás a defender el evangelio. Mi evangelio no es una fábula para discutir, sino un hecho que difundir, y lo declararás. Voy a traer una celebración a sus espíritus que levantará los techos en muchos lugares a donde te enviaré. Te envío para que abras las ventanas a un derramamiento de mi Espíritu que consuma la religiosidad y sea un sacrificio agradable para mí. Te movilizaré y activaré para un evangelio agresivo. Porque te estoy enviando a alcanzar a los perdidos y liberar a los cautivos"».

El pastor Leonard Griffin:

«Al escuchar lo que dice el Señor, fui incitado a recordarte la necesidad de levantar un equipo de intercesores que oren por ti. Todos necesitamos la oración, pero por la naturaleza de tu ministerio, necesitarás un cuerpo de intercesores que los cubra con oración diariamente. Personas que intercedan y se levanten en la brecha por ustedes. Estos deben venir no solo del ministerio hispano de tu congregación, sino de todo el Cuerpo de Cristo. El Señor desea oración intensa por ustedes por el potencial que les tiene preparado. Junten, pues, hombres y mujeres fieles, que les amen, y que se comprometan a estar en la brecha cada día por ustedes. Sobre todo cuando viajen, lo que harán con mucha frecuencia. Escucho al Espíritu de Dios decir: "Orad más y orad con fervor"».

El maestro Robert Blayter:

«La Palabra del Señor dice que al que es fiel en lo poco, mucho le será dado. Nadie es llamado a ser fiel en lo mucho cuando comienza a hacer algo. La promesa es entonces: "Serás fiel en lo mucho". Ha llegado la hora de ser fiel en lo mucho. En Lucas 14, la parábola del gran banquete afirma que un hombre rico hizo una gran cena e invitó a muchos, mas nadie vino. Todos sus invitados tenían excusas. Envió pues a sus siervos a traer a los mancos, los cojos, los pobres y los ciegos. Habiendo hecho esto, le dijeron que todavía había lugar. Creo que tendrás un gran ministerio aquí y en Latinoamérica. Pero el Señor va a edificar con aquello que muchos han desechado. No tienes que buscar lo grande y poderoso. Dios te usará con un ministerio de restauración no solamente aquí sino mundialmente».

El pastor de pastores, Hal Sacks:

«Te veo como a un Josué joven. No eres de la generación antigua sino de la nueva. Y el Señor te dice: "Nadie se levantará y prevalecerá contra ti. Como estuve con mi siervo Moisés, así estaré contigo. No te dejaré ni desampararé. Esfuérzate y sé valiente. Una pareja valiente". Te veo como un león valiente. Como Aslán, el león de las crónicas de Narnia. Esfuérzate, porque harás que el pueblo conquiste su tierra. Llevarás a mi pueblo a la conquista, hombre de valor. Pero no irás solo. Los intercesores irán delante de ti y prepararán el camino. E irás y tomarás la tierra».

Dick Mills, profeta del Señor:

«"Ensancha el sitio de tu tienda, y las cortinas de tus habitaciones sean extendidas: no seas escasa; alarga tus cuerdas, y refuerza tus estacas. Porque te extenderás a la mano derecha y a la mano izquierda; y tu descendencia heredará naciones, y habitará las ciudades asoladas" (Isaías 54.2-3). Te extenderás a la mano derecha y a la izquierda. "E invocó Jabes al Dios de Israel, diciendo: ¡Oh, si me dieras bendición, y ensancharas mi territorio, y si tu mano estuviera conmigo, y me libraras de mal, para que no me dañe! Y le otorgó Dios lo que pidió" (1 Crónicas 4.10). Señor, otórgale su pedido. El Señor va a unirlos en ministerio. Uno plantará la semilla, el otro la regará con lágrimas y oración, y Dios dará el aumento.

»Job 8.7 dice: "Y aunque tu principio haya sido pequeño, tu postrer estado será muy grande".

»El Señor me dio una visión de una roca que cae al agua y causa una ondulación. Como en Hechos 1.8, tu ministerio te llevará por esta ciudad, esta nación, por

Norte América, Centro América y Sur América y a los confines de la tierra. Dios te permitirá llevar un ministerio milagroso alrededor del mundo. El Señor me dio una visión. En la próxima década, Héctor y Miriam serán levantados y el resultado será UN MILLÓN de católicos nacidos de nuevo y llenos del Espíritu Santo. ¡Aleluya!»

El fruto de la ordenación

Mantengamos la confesión de nuestra esperanza firme, porque aquél que nos ha dado sus promesas, no nos fallará (Hebreos 10.23, The Twentieth Century New Testament [Nuevo Testamento del siglo veinte]).

Han pasado unos siete años desde que me ordenaron al ministerio. La verdad es que las palabras proféticas que me dieron aquel día fueron más de lo que mi mente o mi corazón pudieron recibir y asimilar. Algunas me parecieron tan increíbles que francamente no veía cómo Dios podría convertirlas en realidad. Sin embargo, se cumplen día tras día. Creo que se han cumplido muchas, pero todavía no ha pasado una década. Actualmente, me mantengo firme en sus promesas, pues sé que Él no fallará. Como dice Habacuc 2.3: «Aunque la visión tardará aún por un tiempo, mas se apresura hacia el fin, y no mentirá; aunque tardare, espéralo, porque sin duda vendrá, no tardará».

Desde aquel día, indudablemente Dios ha obrado y cumplido sus promesas. Durante los últimos cuatro años el Señor me ha enviado a ministrar su Palabra como maestro, evangelista y profeta a cuatro continentes y más de veinticinco naciones. Solo en 1995, viajé a cuatro continentes, ministré en dieciséis naciones y fui a ministrar a Latinoamérica otras tantas.

Los libros *Derribemos fortalezas* y *Desenmascaremos las tinieblas de este siglo* se han vendido por todo el continente. El Señor me ha llevado a ciudades y naciones para predicar y enseñar el mensaje profético de Dios en la década de los noventas: la guerra espiritual y la reconquista de ciudades y naciones para Cristo. Conferencias de oración, misiones de guerra espiritual, talleres, seminarios para líderes y pastores, consultas, campañas, radio, televisión, prensa y los libros han sido instrumentos que Dios me ha proporcionado para ministrar su evangelio. Para esto fui apartado por el Señor. Para esto fui ordenado.

Recientemente me invitó el liderazgo pastoral de la ciudad de Cali, Colombia, para ministrar en una vigilia de oración. Más de cincuenta y cinco mil personas se hicieron presentes aquella noche para interceder y alabar a Dios, y para guerrear por esa ciudad y por la nación.

Dios tiene un propósito con cada vida. Tiene un llamamiento para cada uno de nosotros. Si nos preparamos y somos fieles, nos apartará para el ministerio. Como lo instruye el profeta Habacuc, estas cosas han sido escritas y declaradas en tablas de papel para que sean leídas y para que corra al Señor el que las lea.

> Porque Dios no es injusto para olvidar vuestra obra y el trabajo de amor que habéis mostrado hacia su nombre, habiendo servido a los santos y sirviéndoles aún. Pero deseamos que cada uno de vosotros muestre la misma solicitud hasta el fin, para plena certeza de la esperanza, a fin de que no os hagáis perezosos, sino imitadores de aquellos que por la fe y la paciencia *heredan las promesas* (Hebreos 6.10-12).

Capítulo 5

EL PRECIO DEL LIDERAZGO

> *Y Cristo, en los días de su carne, ofreciendo ruegos y súplicas con gran clamor y lágrimas al que le podía librar de la muerte, fue oído a causa de su temor reverente. Y aunque era Hijo, por lo que padeció aprendió la obediencia (Hebreos 5. 7-8).*

> *Y el que no lleva su cruz y viene en pos de mí, no puede ser mi discípulo. Porque ¿quién de vosotros, queriendo edificar una torre, no se sienta primero y calcula los gastos, a ver si tiene lo que necesita para acabarla? (Lucas 14.27-28).*

NADIE DEBE ASPIRAR A UNA POSICIÓN de liderazgo en la obra de Dios sin prepararse para pagar el precio que ella exige. El verdadero liderazgo demanda el todo de un individuo, y mientras más grande sea el llamamiento, más grande será el precio que hay que pagar.

El poder y el precio

Las palabras de Jesús a sus discípulos respecto a la necesidad de estar dispuestos a pagar el precio de la cruz eran parte indispensable de la capacitación para la hora de su separación al ministerio.

Pero recibiréis poder, cuando haya venido sobre vosotros el Espíritu Santo, y me seréis *testigos* en Jerusalén,

en toda Judea, en Samaria, y hasta lo último de la tierra
(Hechos 1.8, énfasis del autor).

Generalmente hemos puesto el énfasis de esta promesa en el *poder*, mas la Escritura nos revela dos cosas: el
poder para llevar a cabo la Gran Comisión, y el *precio* que
estamos llamados a pagar. Ese es el precio: ser testigos.

La palabra *testigos* es traducción del vocablo griego
martur, de donde proviene la palabra castellana mártir,
uno que testifica con su muerte.

Esto no sugiere que todos debamos morir por el testimonio de Cristo. Sin embargo, Pablo nos aclara la necesidad de morir diariamente a sí mismo (1 Corintios 15.31),
a nuestros deseos, a nuestros planes, a todo, por la causa
de Cristo. El que es llamado a una posición de liderazgo
tiene que morir cada día a sus emociones, a sus sentimien-
tos y a sus pasiones. Esto testifica que lo que se predica es
real y poderoso.

El sacrificio personal

El sacrificio es parte del precio que se debe pagar. Hay una
cruz en el camino del liderazgo espiritual; el líder debe
estar dispuesto ser crucificado en ella. Evadir la cruz es
perder el derecho al liderazgo. Las demandas del cielo son
absolutas. El grado en que debemos permitir que la cruz
de Cristo opere en nosotros será medido por el fruto de la
resurrección evidente en nuestras vidas. ¿Estamos dispuestos a pagar el precio? ¿Estamos dispuestos a ser escla-
vos de todos? ¿Estamos dispuestos a llevar en nosotros las
marcas del Calvario?

Muchas personas ven el ministerio como algo atracti-
vo. Piensan que el ministro es alguien que puede viajar
libremente y ser usado por Dios. Se imaginan a las multi-

tudes en sitios exóticos. Sin embargo, la verdad es que muchos ministros cambiarían su puesto con aquellos que tienen un trabajo de lunes a viernes, de 9 de la mañana a 5 de la tarde; aquellos que tienen tiempo para dedicarle a su familia, a sus seres queridos.

Esto es claramente lo que vemos en el corazón de los apóstoles Jacobo y Juan. La enseñanza de Jesús a sus discípulos nos define la grandeza del que sirve.

> Mas Jesús, llamándolos, les dijo: Sabéis que los que son tenidos por gobernantes de las naciones se enseñorean de ellas, y sus grandes ejercen sobre ellas potestad. Pero *no será así* entre vosotros, sino que el que quiera hacerse grande entre vosotros será vuestro servidor, y el que de vosotros quiera ser el primero, será siervo de todos. Porque el Hijo del Hombre no vino para ser servido, sino para servir, y para *dar su vida* en rescate por muchos (Marcos 10.42-45, énfasis del autor).

El apóstol Juan, el discípulo amado, aprendió esta lección y más tarde escribe en la primera de sus epístolas: «Él puso su vida por nosotros; también nosotros debemos poner nuestras vidas por los hermanos» (1 Juan 3.16).

La guerra del líder

Desde el momento en que uno se propone servir a Dios, puede contar con problemas de toda índole. Las fuerzas del mal comienzan su oposición al soldado de Cristo probando su compromiso, su resistencia y su paciencia. El apóstol Santiago (hermano del Señor Jesucristo, líder de la iglesia en Jerusalén y uno de sus mártires reconocidos) dice: «Someteos, pues, a Dios; *resistid al diablo*, y huirá de vosotros» (Santiago 4.7).

La preparación del líder incluye lágrimas y pruebas.

Todo esto es parte del desarrollo espiritual que nos prepara para enfrentar las presiones, decepciones, frustraciones, traiciones y tentaciones. El liderazgo cristiano no es algo fascinante; es *guerra espiritual*. Usted es parte del comando de un ejército que está en batalla contra los ejércitos de las tinieblas para poseer lo que el enemigo se ha robado. Usted está en guerra contra Satanás y el mundo.

Watchman Nee, el muy conocido apóstol de China, dijo: «La primera señal de un guerrero de Dios es que se mantiene firme cuando todos los demás caen por las presiones, el desánimo y la desesperanza de una situación».

Por eso es tan importante obedecer el mandato de Pablo en cuanto a tomar la armadura de Dios.

> Por tanto, tomad la armadura de Dios, para que podáis *resistir* en el día malo, y habiendo acabado todo, *estar firmes* (Efesios 6.13, énfasis del autor).

La Biblia Plenitud comenta respecto a este versículo: «Resistir, anthistemi[...] antiestamina[...] resistencia. El verbo sugiere oposición vigorosa, resistencia valiente, colocarse frente a frente contra un adversario, mantenerse uno en su terreno. *Anthistemi* nos dice que con la autoridad y las armas espirituales que nos son concedidas, podemos resistir a las fuerzas del mal».[1] Así es la batalla del líder cristiano.

El propósito de las pruebas

Los apóstoles nos enseñan algunas lecciones respecto a las pruebas en la vida del líder que se entrega a servir a Cristo.

---

1   *Biblia Plenitud*, Editorial Caribe, Miami, FL, 1994, p.1551.

- Pablo dice: «La persecución es inevitable para todos aquellos que se comprometen a vivir la verdadera vida cristiana (2 Timoteo 3.12, Phillips).
- Pedro afirma: «Amados, no os sorprendáis del fuego de prueba que os ha sobrevenido, como si alguna cosa extraña os aconteciese, sino gozaos por cuanto sois participantes de los padecimientos de Cristo, para que también en la revelación de su gloria os gocéis con gran alegría» (1 Pedro 4.12-13).
- Santiago declara: «Hermanos míos, tened por sumo gozo cuando os halléis en diversas pruebas, sabiendo que la prueba de vuestra fe produce paciencia» (Santiago 1.2-3).

Recuerdo una vez que pasé por una prueba muy difícil. Me acusaron de algo injustamnete. Frustrado por las acusaciones y emocionalmente herido, me quejé ante mi pastor, esperando recibir consuelo. Mi sorpresa fue mayúscula cuando me contestó: «Cuánto me alegro de que esto te suceda. Todo lo que has hecho siempre te ha salido bien. Es necesario pasar por pruebas como esta para identificarnos con Cristo y con otros que pasan por una situación similar. Lo que aprendas de esto podrás enseñarlo a otros que el Señor ponga en tu camino».

El autor del libro a los Hebreos dice que algunos siervos del Señor vieron cosas maravillosas, «mas otros fueron atormentados, no aceptando el rescate, a fin de obtener mejor resurrección. Otros experimentaron vituperios y azotes, y a más de esto prisiones y cárceles. Fueron apedreados, aserrados, puestos a pruebas, muertos a filo de espada; anduvieron de acá para allá cubiertos de pieles de ovejas y de cabras, pobres, angustiados, maltratados; de los cuales el mundo no era digno» (Hebreos 11.35-38).

Las adversidades que vienen al líder son parte del precio del liderazgo. Dios observa nuestras reacciones en tiempos de pruebas y adversidad. De ninguna manera quiero insinuar que para ser buenos líderes tenemos que buscar el sufrimiento. La vida de un cristiano nos lleva diariamente a enfrentar nuevas situaciones, pero las promesas de Dios son que en todas estas cosas somos más que vencedores por medio de aquel que nos amó y se entregó por nosotros (Romanos 8.37).

Las cicatrices son auténticas marcas de fidelidad y de servicio en la obra del Señor. Pablo declara que tiene en su cuerpo las marcas del Señor Jesús. Las cicatrices de ofensas, heridas, rechazo, maltrato, adversidades, son un recuerdo permanente de que Dios obró en medio de todas las situaciones para liberarnos de las garras del cazador.

> Pero tenemos este tesoro en vasos de barro, para que la excelencia del poder sea de Dios, y no de nosotros, que estamos atribulados en todo, mas no angustiados; en apuros, mas no desesperados; perseguidos, mas no desamparados; derribados, pero no destruidos; llevando en el cuerpo siempre por todas partes la muerte de Jesús, para que también la vida de Jesús se manifieste en nuestros cuerpos[...] De manera que la muerte actúa en nosotros y en vosotros la vida[...] Porque todas estas cosas padecemos por amor a vosotros, para que abundando la gracia por medio de muchos, la acción de gracias sobreabunde para gloria de Dios (2 Corintios 4.7-10, 12, 15).

Pablo afirma que el líder debe morir para que el pueblo de Dios viva. Los padecimientos son parte del ministerio por amor al rebaño de Dios, así como Cristo padeció por nosotros, porque nos amó con un amor incondicional dispuesto a pagar el precio del sacrificio.

Las siguientes son algunas de las cosas que un líder enfrenta:

La soledad

Nietzche dijo que mientras más se acerca uno a la cumbre, más dura se hace la vida. La soledad y la responsabilidad aumentan simultáneamente. El apóstol Pablo fue un hombre que experimentó soledad. Pudo sentir plenamente la amargura de ser malentendido por sus compañeros, las mentiras de sus enemigos y el abandono de sus discípulos y amigos. En su epístola a Timoteo, habla de sus experiencias al respecto:

> Ya sabes esto, que me abandonaron todos los que están en Asia, de los cuales son Figelo y Hermógenes (2 Timoteo 1.15).

> Porque Demas me ha desamparado, amando este mundo, y se ha ido (2 Timoteo 4.10).

> Solo Lucas está conmigo (2 Timoteo 4.11).

> Alejandro el calderero me ha causado muchos males (2 Timoteo 4.14).

> En mi primera defensa *ninguno* estuvo a mi lado, sino que *todos* me desampararon (2 Timoteo 4.16).

El que es llamado a ser líder debe esperar los momentos de soledad. Son parte de la experiencia como siervo fiel de Dios.

La fatiga

Los que dirigen el mundo son hombres cansados. Las crecientes demandas de suplir los recursos necesarios para el mantenimiento de la familia, junto con los compromisos en la iglesia y los quehaceres de la vida cotidiana consumen la energía y el tiempo. Los recursos económicos, físicos y emocionales son puestos a prueba. El ministerio requiere un desgaste de fuerzas, tiempo, recursos económicos, y la inversión de nuestra energía. Pablo estaba familiarizado con el secreto de cómo mantener el nivel de fortaleza necesario para continuar:

> Por tanto, no desmayamos; antes aunque este nuestro hombre exterior se va desgastando, el interior no obstante se renueva de día en día (2 Corintios 4.16).

> No nos cansemos, pues, de hacer bien; porque a su tiempo segaremos, si no desmayamos (Gálatas 6.9).

La crítica

Toda persona llamada a ser líder será criticada. No hay, ni ha habido, líder exento a la crítica. Jesús, el único ser perfecto y sin mancha ni pecado, fue criticado aun por sus propios discípulos. La madurez de un líder será claramente vista en la manera en que acepta y reacciona ante la crítica, merecida o no.

La verdad es que si no somos lo suficiente maduros para aceptar las críticas y el rechazo, no estamos listos para el liderazgo. Si estamos muertos a nuestras emociones y a nuestro ego no reaccionaremos negativamente. Un cadáver no reacciona. Para ser líder debemos tener una de estas dos cosas: piel de elefante o coraza de tortuga. Los dardos del enemigo, lanzados por las personas, en algunos casos por los seres amados, deben solamente motivarnos a la oración. Nunca entre en conflicto con los que murmuran.

> Haced todo sin murmuraciones y contiendas, para que seáis irreprensibles y sencillos, hijos de Dios sin mancha en medio de una generación maligna y perversa, en

medio de la cual resplandecéis como luminares en el mundo (Filipenses 2.14-15).

El rechazo

El líder que mantiene altas normas espirituales con frecuencia se encontrará siguiendo al Maestro por el sendero del rechazo. «A los suyo vino, y los suyos no le recibieron» (Juan 1.11).

> Despreciado y desechado entre los hombres, varón de dolores, experimentado en quebranto (Isaías 53.3a).

> Pero primero es necesario que padezca mucho, y sea desechado por esta generación (Lucas 17.25).

Antes de esperar ver la gloria de Dios, necesitamos pasar por situaciones difíciles de resistir. Si ponemos nuestros ojos en Jesús, el autor y consumador de nuestra fe, y no en los hombres (Hebreos 12.2), y anticipamos las promesas de Dios con fe y paciencia, lograremos vencer todos los ataques del enemigo.

La persecución

> Bienaventurados los que padecen persecución por causa de la justicia, porque de ellos es el reino de los cielos. Bienaventurados sois cuando por mi causa os vitaperen y os persigan, y digan toda clase de mal contra vosotros, mintiendo. Gozaos y alegraos, porque vuestro galardón es grande en los cielos; porque así persiguieron a los profetas que fueron antes de vosotros (Mateo 5.10-12).

> Mas también si alguna cosa padecéis por causa de la justicia, bienaventurados sois. Por tanto no os ame-

drentéis por temor de ellos, ni os conturbéis (1 Pedro 3.14).

Una de las cosas que los líderes y pastores deben estar dispuestos a enfrentar es la persecución. El cristiano norteamericano, por lo general, no espera una persecución que ponga en peligro su vida. Su tipo de persecución opera en el campo del vituperio, la crítica, la mentira; sin embargo, la persecución en muchos lugares del mundo, y particularmente en algunas naciones de Latinoamérica, puede resultar en martirio. Jesucristo y los mártires de la iglesia de los Hechos nos dan el ejemplo de esa clase de persecución.

El mundo persigue al cristiano por una simple razón. El hombre ama las obras de las tinieblas más que la luz, porque sus obras son malas, y aborrece la luz (Juan 3.19,20). Satanás, obra por medio de seres malos y perversos que tienen su conciencia cauterizada, para perseguir y, en algunos casos, matar al cristiano que sirve a Dios. Hoy, al igual que en los tiempos de Jesucristo, la religión oficial es en la gran mayoría de los casos usada por el enemigo para perseguir a los siervos del Altísimo.

En naciones como Colombia y México la guerrilla está vinculada con la filosofía religiosa y política de la Teología de la Liberación. Y en Perú y en Cuba, con la filosofía del comunismo. En todas estas, la iglesia cristiana evangélica es víctima del flagelo del terrorismo.

Los siguientes datos fueron suplidos por el noticiero Ágape de Puertas Abiertas a América Latina.

En Colombia

El presidente de la sociedad juvenil de la Iglesia Pentecostal de Colombia, en Ungía (Departamento del Choco), desapareció durante el reciente mes de abril.

Un joven predicador de apellido Sánchez, miembro de la iglesia adventista, fue asesinado al salir de un estudio bíblico en Turbo.

El 16 de abril de 1996, Javier Gómez, miembro de la iglesia pentecostal de Turbo, estaba en su casa con su familia cuando asesinos entraron en su aposento y frente a sus seres amados lo acribillaron a balazos.

El 22 de abril de 1996, a las seis y media de la tarde, Horacio Sucerquía, miembro de la iglesia de la Luz Divina, de la Asociación de Iglesias Evangélicas del Caribe, regresaba de su trabajo cuando fue vilmente asesinado. Horacio era uno de los ancianos gobernantes de la iglesia.

Manuel Amador, un líder muy amado de la comunidad y pastor de la Iglesia Cuadrangular en Chigorodo, Urabá, fue asesinado al atardecer del 12 de julio de 1995. Un día antes de un encuentro planificado con otros pastores de la región, para enviar un «comunicado oficial pidiendo socorro» al cuerpo de Cristo alrededor del mundo.

«Las lágrimas vertidas y la sangre de los mártires derramada en Colombia deben ser seguidas por una cosecha de gozo. Habrá cosecha si nos unimos a la iglesia colombiana como un solo cuerpo y oramos, junto con ellos, por muchos nuevos "revolucionarios", hombres y mujeres que tengan vida en Jesucristo. Si oramos, Dios enviará obreros a su gran mies. Colombia necesita visión, perdón, lágrimas y reconciliación con Dios y los hombres».[2]

En México

Más de treinta y dos mil creyentes han sido desa-

---

2   *Noticiero Ágape*, Puertas Abiertas a América Latina, Pembroke Pines, FL, p. 5.

lojados, amenazados, maltratados y asesinados en Chiapas.

En septiembre de 1994, dos familias que volvieron a Icalumtic, Chamula, fueron atacadas, resultando muertos Miguel López y Miguel Mendez. La jovencita Octavia Mendez, de catorce años de edad, fue violada por los caciques.

A precio de sangre y lágrimas, en un caso en el que los agresores siguen en libertad, se sentó el precedente del éxodo, y los cristianos al fin tenían representación en San Juan Chamula, después de tres décadas de exilio.

Al ir aumentando la presión de parte de varias entidades internacionales concerniente a la situación de los creyentes evangélicos en Chiapas, en septiembre de 1995, el gobierno declaró un cese al fuego. Ese mismo mes, Agustín Pérez López, fue secuestrado. Hubo testigos que identificaron a los agresores; pero las autoridades no tomaron cartas en el asunto, aun después que fue dada una orden de captura.

El 18 de noviembre de 1995, Domingo López Mendez fue asesinado cuando, por instigación de las autoridades, trató de ejecutar la orden de arresto a «Chiquito» Carranza, uno de los asesinos.

En San Cristóbal de las Casas, el hermano Miguel «Cashlan» Gómez, el primer creyente y predicador de los chamula (indígenas de la región) también llegó a ser el primer mártir».[3]

En toda la región de Chiapas, Lacondones, Choles, Aguacatenango, San Cristóbal de las Casas, San Juan Chamula y otras más, los cristianos evangélicos son continuamente perseguidos por las autoridades locales y religiosas. Sin dudas, el problema en Chiapas es más que político. Es

---

3   *Íbid*, pp. 11, 13.

un problema espiritual, con raíces en la iglesia de la conquista y en la teología de la liberación. El presidente Ernesto Zedillo declaró públicamente que la iglesia de la conquista y los líderes sacerdotales de la comunidad eran en gran parte responsables por la crisis política en esa área de la nación.

La persecución de los evangélicos, y particularmente de los pastores y líderes en Latinoamérica, es un hecho, no una fantasía. Con el continuo crecimiento de la Iglesia en el continente, la persecución se incrementará y se hará más difícil e intensa. Tanto la religión como la guerrilla y las filosofías comunistas incrementarán la violencia al ver su causa debilitada debido a las almas cambiadas por el evangelio de Cristo. Este es el costo de seguir a Jesús. Es necesario estar dispuestos a menospreciar la vida hasta la muerte. ¿Cual será la recompensa? «Vuestro galardón es grande en los cielos» (Mateo 5.12).

Recordemos las palabras del Espíritu Santo dadas por el apóstol Pablo a la iglesia en Éfeso:

> Porque no tenemos lucha contra sangre y carne, sino contra principados, contra potestades, contra los gobernadores de las tinieblas de este siglo, contra huestes espirituales de maldad en las regiones celestes (Efesios 6.12).

Capítulo 6

LAS BATALLAS DEL LÍDER

Pelea la buena batalla de la fe,
echa mano de la vida eterna, a la cual asimismo fuiste llamado,
habiendo hecho la buena profesión delante de muchos testigos
(1 Timoteo 6.12).

Porque no tenemos lucha contra sangre y carne, sino contra
principados, contra potestades, contra los gobernadores de las
tinieblas de este siglo, contra huestes espirituales de maldad en
las regiones celestes (Efesios 6.12).

He peleado la buena batalla, he acabado la carrera, he guardado la
fe (2 Timoteo 4.7).

EN LA VIDA DE TODO CRISTIANO se presentan batallas que debe pelear a diario. Sin embargo, cuando el cristiano es un siervo de Dios llamado al ministerio, las batallas son aún más intensas porque sus resultados afectan más al Reino de Dios. Todo líder está en posición sensible a los ataques del maligno por su prominencia y su visibilidad.

Cuando una persona tiene un llamamiento de Dios, el enemigo trata de impedir que este se realice. Podemos ver en las Sagradas Escrituras, de Génesis a Apocalipsis, que Satanás mete sus narices en todo para impedir la voluntad de Dios y hacer tropezar a los líderes que Él levanta.

Cuando Satanás nos acusa

Todos pecamos, eso no sorprende a nadie. Y pecamos a diario en una forma u otra. Pablo dice: «Todo lo que no proviene de fe, es pecado» (Romanos 14.23). La lucha contra el pecado es constante, y Satanás la utiliza para acabar con muchos ministerios. Trató de hacerlo con un sumo sacerdote muy importante de Israel.

Josué fue sumo sacerdote después del cautiverio. Dios tenía un llamamiento y un propósito con él. Debido a la importancia de su vida y su ministerio para los propósitos de Dios, era un blanco obvio para el enemigo. El profeta Zacarías describe una visión en la que Satanás, habiendo hallado pecado en Josué, se presenta ante el Señor para acusarlo.

> Me mostró al sumo sacerdote Josué, el cual estaba delante del ángel de Jehová, y Satanás estaba a su mano derecha para acusarle (Zacarías 3.1).

Ciertamente Dios no permite ni tolera el pecado. Cuando un siervo del Señor permanece en pecado y no se arrepiente, Dios lo expone en público.

Este es el caso de hombres grandemente usados por Dios que en los últimos años han sido descubiertos en pecado y rehúsan someterse al consejo y la disciplina del presbiterio. Hoy día sus ministerios han dejado de existir prácticamente.

Cuán agradable sería para el Señor que los cristianos, y particularmente el liderazgo cristiano, hicieran lo que enseña la Palabra:

> Si confesamos nuestros pecados, Él es fiel y justo para perdonar nuestros pecados, y limpiarnos de *toda maldad* (1 Juan 1.9).

Es maravilloso saber que Dios puede restaurar los ministerios. La Escritura dice que los dones y el llamamiento de Dios son irrevocables (Romanos 11.29). Leamos la continuación del relato de Zacarías:

> Y dijo Jehová a Satanás: Jehová te reprenda, oh Satanás; Jehová que ha *escogido* a Jerusalén te reprenda. ¿No es este un tizón arrebatado del incendio? Y Josué estaba vestido de vestiduras viles, y estaba delante del ángel. Y habló el ángel, y mandó a los que estaban delante de él, diciendo: Quitadle esas vestiduras viles. Y a él le dijo: Mira que he quitado de ti tu pecado, y te he hecho vestir de ropas de gala. Después dijo: Pongan mitra limpia sobre su cabeza. Y pusieron una mitra limpia sobre su cabeza, y le vistieron las ropas (Zacarías 3.2-5, énfasis del autor).

Hermanos, ¡Dios no acepta las acusaciones del diablo contra sus siervos fieles, aun cuando ellos hayan pecado! Podemos ver claramente la actitud de Dios contra las acusaciones a un pastor, a un siervo de Dios. «Jehová te reprenda, oh Satanás; Jehová que ha escogido a este siervo te reprenda».

Las batallas personales, emocionales, ministeriales, económicas, etc., de un líder, son parte de su preparación y de su llamamiento. La manera en que reaccionemos a estos ataques es de suma importancia. Somos llamados a pelear. Satanás nos declaró la guerra y querrámoslo o no, seremos *víctimas* o *vencedores*.

Las herramientas del enemigo

Aunque nuestra batalla no es contra seres humanos, es importante reconocer que a menudo los instrumentos que el enemigo usa para causar contiendas y divisiones son personas, y muchas de ellas cristianas. Como líderes somos llamados a pelear *por* nuestros hermanos y nuestras familias. Desafortunadamente, un gran número de nuestras batallas son causadas por nuestros propios hermanos en Cristo. Con frecuencia, son ellos los que nos traen los mayores conflictos y pruebas.

Alguien clamó al Señor con frustración diciendo: «Señor, el vivir con los santos en el cielo, eso sí será la gloria. Pero el vivir con los santos en *la tierra*, ¡eso sí es otra historia!»

Moisés se encontró en un momento de frustración como líder del pueblo de Israel. Las quejas y las murmuraciones del pueblo eran una carga demasiado pesada para él. Así que clamó al Señor, diciendo:

> No puedo yo solo soportar a todo este pueblo, que me es pesado en demasía. Y si así lo haces tú conmigo, yo te ruego que me des muerte, si he hallado gracia en tus ojos; y que yo no vea mi mal (Números 11.14-15).

Todo pastor experimentará lo mismo durante su ministerio. El enemigo tiene éxito cuando hace que un miembro de la congregación tropiece, pero sus más grandes trofeos son los pastores y los ministerios, sobre todo cuando los ataques no son morales o éticos, sino relacionales y de celos o envidia ministerial.

El enemigo ha causado grandes estragos dentro del liderazgo ministerial en la actualidad. Y han venido del mismo Cuerpo de Cristo. Algunos cristianos se consideran la fuerza policial de la iglesia. Con tácticas no menos reprochables que las de la Gestapo, la KGB o la CIA, atacan sin misericordia a los que consideran sus enemigos porque no concuerdan con sus doctrinas.

La destrucción de líderes deja un rastro en el camino

de seguidores confusos y quebrantados. Si el enemigo puede eliminar a un pastor, desparrama a las ovejas y devora a los corderitos.

Las artimañas del enemigo pueden ir de algo tan simple como hacer que un ministro pierda el enfoque de sus prioridades hasta llevarlo a valorar lo incorrecto en el momento inapropiado.

Observemos los estragos que aquellos más cerca de nosotros pueden causar cuando se levantan a batallar en nuestra contra.

Jesucristo y Judas Iscariote

Jesucristo, el Buen Pastor, fue víctima de traición en el círculo íntimo de sus discípulos. En el momento más crítico de su ministerio, todos sus discípulos lo abandonaron (Mateo 26.56). Uno de sus líderes lo negó tres veces (Lucas 22.56-61). Judas Iscariote, su tesorero, lo vendió por treinta piezas de plata y lo entregó a sus enemigos con un beso (Lucas 22.47). La Biblia dice que Satanás entró en Judas (Lucas 22.30). El apóstol Juan nos hace ver la manera en que Satanás logró influenciar a Judas Iscariote. Le habló directo a su corazón. «Como el diablo ya había puesto en el corazón de Judas Iscariote, hijo de Simón, que le entregase (Juan 13.2).

Pablo y Alejandro el calderero

En la vida del apóstol Pablo hallamos numerosos ejemplos del tipo de batalla personal que tuvo que soportar. Uno de ellos tuvo que ver con Alejandro el calderero.

La primera mención de Alejandro se encuentra en una exhortación de Pablo a Timoteo:

Este mandamiento, hijo Timoteo, te encargo, para que

conforme a las profecías que se hicieron antes en cuanto a ti, *milites* por ellas la buena milicia, manteniendo la fe y buena conciencia, desechando la cual naufragaron en cuanto a la fe algunos, de los cuales son Himeneo y Alejandro, a quienes *entregué* a Satanás para que aprendan a no blasfemar (1 Timoteo 1.18-20).

En su segunda epístola a Timoteo, Pablo nuevamente se refiere a Alejandro. Esta vez nos da más detalles acerca de los resultados que tuvo al desechar la fe y la buena conciencia. Amonesta a Timoteo a tener mucho cuidado con él pues era usado por Satanás para hacerle daño.

Alejandro el calderero me ha causado muchos males; el Señor le pague conforme a sus hechos. Guárdate tú también de él, pues en gran manera se ha opuesto a nuestras palabras. En mi primera defensa ninguno estuvo a mi lado, sino que todos me desampararon; no les sea tomado en cuenta (2 Timoteo 4.14-16).

Otra versión dice: «Me ha causado mucho daño, mas la retribución del Señor caiga sobre él[...] Debes tener cuidado con él, porque violentamente se ha opuesto a lo que digo» (Weymouth). Aparentemente, Alejandro había levantado algún tipo de calumnia o blasfemia contra Pablo para causarle daño. Lo triste es que algunos de sus discípulos *creyeron* estas falsas injurias y desampararon al apóstol. Pablo declara que Dios lo libró de la boca del león (2 Timoteo 4.17), Satanás, el cual está siempre buscando a quien devorar.

Un hombre y su Alejandro

Conozco personalmente la historia de alguien al cual llamaré Alejandro. Este se levantó contra el líder de su congregación y comenzó a calumniar al pastor. Visitaba la casa de todos los líderes de la congregación, acusando al pastor de inmoralidad. Lo interesante de este caso es que este joven no hacía mucho que había llegado a la iglesia, mientras que el pastor llevaba más de diez años en la obra y gozaba de un matrimonio estable por más de veinte años.

Lamentablemente, algunos de los líderes creyeron las calumnias del joven y confrontaron al pastor. Aceptar esas acusaciones expuso a esos líderes a una retribución del Señor. Pablo dice: «No les sea tomado en cuenta».

No creyendo que era suficiente el daño a la congregación, Alejandro empezó a llamar y a visitar a los pastores de la ciudad. Comenzó a levantar las calumnias ante el liderazgo de la comunidad cristiana. Ahora bien, este mismo joven se fue de la antigua iglesia a la que asistía porque había sido instrumento de una gran división, calumniando al pastor de homosexual. Como consecuencia de eso, su esposa lo abandonó y más tarde se divorció de él. El rastro de iglesias divididas por este joven incluía otras en diferentes ciudades.

Es triste pensar que algunos de los pastores de la ciudad, habiendo conocido y colaborado con este pastor por muchos años, creyeron en parte las blasfemias del joven. Gracias sean dadas al Señor por la amistad y fidelidad de otros pastores, los cuales prontamente lo llamaron para prevenirlo del Alejandro. Como Pablo a Timoteo, le pidieron guardarse de él. La sabiduría del presidente del concilio evangélico de la ciudad es envidiable. Cuando recibió la llamada acusadora del joven, le respondió: «Conozco al pastor, y sé quién es; pero, ¿quién es usted?»

En otro caso muy similar, un pastor en una ciudad de California, después de laborar fielmente por algunos años, fue acusado por la familia de una jovencita de abusar sexualmente de ella. La calumnia dividió a la iglesia y le causó un trauma emocional al pastor, que decepcionado abandonó el ministerio. Gracias al Señor, este pastor, después de trabajar secularmente por un tiempo, regresó al pastorado y tiene una linda y creciente congregación.

Son numerosas las batallas que libra un líder, particularmente, en el pastorado. Si muchos de aquellos que ven el ministerio como un escape al trabajo secular, o como algo fascinante, supieran el verdadero sacrificio que requiere el ministerio, cambiarían de opinión rápidamente.

En medio de todos los ataques del maligno, en medio de las batallas diarias que un líder enfrenta, podemos descansar solo en esto: el Señor es fiel. En medio de las circunstancias que le rodean y acechan, Pablo le da un consejo a Timoteo, el cual extiendo a todo pastor y a toda persona llamada a una posición de liderazgo espiritual.

> Pero el Señor estuvo a mi lado, y me dio fuerzas, para que por mí fuese cumplida la predicación, y que todos los gentiles oyesen. Así fui librado de la boca del león. *Y el Señor me librará de toda obra mala, y me preservará para su reino celestial. A Él sea la gloria por los siglos de los siglos. Amén* (2 Timoteo 4.17-18, énfasis del autor).

Capítulo 7

JEZABEL Y ABSALÓN

Pero tengo unas pocas cosas contra ti: que toleras que esa mujer
Jezabel, que se dice profetisa, enseñe y seduzca a mis siervos a
fornicar y a comer cosas sacrificadas a los ídolos
(Apocalipsis 2.20-21).

Y se levantaba Absalón de mañana, y se ponía a un lado del
camino junto a la puerta; y[...] robaba Absalón el corazón de los
de Israel (2 Samuel 15.2-6).

Pero el Espíritu dice claramente que en los postreros tiempos
algunos apostatarán de la fe escuchando a espíritus engañadores
y a doctrinas de demonios, por la hipocresía de mentirosos que,
teniendo cauterizada la conciencia (1 Timoteo 4.1-2).

EN UNO DE MIS LIBROS digo: «Satanás es el maestro del
engaño. Parte de su estrategia es infiltrarse en la Iglesia
para causar división, descontento, inmoralidad y promover falsas ideologías. En gran medida logra su objetivo
asignando espíritus engañadores y acusadores que impiden el crecimiento numérico y espiritual de las iglesias
locales».[1]

En mis viajes por toda Latinoamérica he encontrado
numerosos pastores y líderes que han batallado contra los

---

1 Héctor Torres, *Derribemos fortalezas*, Editorial Betania, Miami, FL, 1993, p. 83.

espíritus de Jezabel y Absalón en sus congregaciones. En muchas naciones a las cuales he ido a ministrar, se me han acercado pastores y líderes para agradecerme por escribir el libro *Derribemos fortalezas*. En el mismo, descubrimos los espíritus desencadenados para atacar la Iglesia. Indudablemente, dos de los más viles son los de Jezabel y Absalón.

Desde un sitio al que llamaría los confines de la tierra —Pedro Juan Caballero, en las fronteras entre Paraguay y Brasil— hasta Seúl, Corea, esos pastores me comentan que sus iglesias estaban bajo un severo ataque del enemigo. No sabían cómo identificar lo que sucedía, y mucho menos cómo batallar contra eso, hasta que el Señor puso en sus manos mi libro. Gracias a este, pudieron batallar y salir victoriosos de esos ataques.

Es mejor aprender por los errores de otros que por los nuestros. Es menos doloroso. Escribo este capítulo para que mis experiencias puedan ayudarle a aprender cómo batallar contra estos devastadores espíritus que Satanás usa para tratar de destruir hombres y mujeres de Dios, congregaciones enteras e indirectamente al Cuerpo de Cristo.

Es necesario aprender cómo operan estos espíritus y cómo identificarlos. Los pasajes citados para iniciar este capítulo son valiosos para mostrarnos el *modus operandi* de ellos. Para información más detallada en cuanto a estos y otros espíritus desencadenados contra la iglesia, véanse los capítulos 8 al 11 del libro *Derribemos fortalezas*.

El espíritu de Absalón

El espíritu de Absalón, como el hijo de David, es independiente, no quiere someterse a las autoridades que Dios ungió. Intenta usurpar la autoridad, e incita a los demás a rebelarse y reemplazar al pastor que Dios llamó para guiar el rebaño.

Este modo de operar procede del corazón de Satanás. Como cuando Lucifer se llenó de soberbia y se rebeló contra Jehová, que logró persuadir a un tercio de los ángeles a que se levantaran contra la autoridad divina. Si Satanás usó esa estrategia en el mismo cielo, cuánto más lo continuará haciendo hoy en la casa de Dios.

La Biblia declara que Absalón era alabado por su hermosura. Dice que desde la coronilla hasta la planta de los pies, no tenía ningún defecto. Qué coincidencia que Lucifer, también enamorado de su propia belleza, cayó en la misma soberbia y se sobreestimó por encima de Dios (Ezequiel 28.15). Absalón «era un hombre manipulador, vengativo y orgulloso[...] y deseaba ser reconocido».[2]

El espíritu de Jezabel

«El nombre Jezabel significa sin cohabitar, es decir, rehusa habitar con otros. El espíritu de Jezabel es muy independiente, intensamente ambicioso y no se somete ni desea traer unidad sino división. Es un espíritu que quiere controlar y dominar las relaciones. Solamente se somete o se hace siervo cuando le conviene para ganar alguna ventaja estratégica.

»Este espíritu no es exclusivo en las mujeres, aunque predomina y es atraído a la siquis femenina. Tiene la habilidad de *manipular* sofisticadamente sin el uso de fuerza alguna. Ataca en especial a las mujeres que están amargadas con los hombres porque han sido desechadas,

---

2 *Íbid*, p. 87

abandonadas o maltratadas por ellos. Opera a través de aquellos que por su inseguridad, celos y vanidad desean controlar a otros».[3]

Hace algunos años el hermano Dick Bernal, pastor de una iglesia de más de 4000 miembros en San José, California, escribió un libro con el título de este capítulo.

Dick, que es miembro de la Red de Guerra Espiritual, ha escrito varios libros sobre este tema, incluyendo *Come Down Dark Prince* [Bájate príncipe de tinieblas] y *Storming Hell's Brazen Gates* [Asalto a las desvergonzadas puertas del infierno].

En una ocasión me comentó el furioso ataque del que fue víctima cuando estos dos espíritus se manifestaron en su congregación para destruir su ministerio y dividir la iglesia. Las calumnias que le levantaron fueron tantas que me dijo: «De lo único que no me acusaron fue de ser el hijo de Hitler; tal vez por mi apellido hispano». Creo que la gran mayoría de pastores, no importa su teología o denominación, han sido o serán víctimas de estos espíritus. Gracias al Señor que en estas situaciones, Él siempre interviene a favor del justo.

Absalón y Jezabel, alianza infernal

Hace algunos años, cuando pastoreaba la Iglesia Palabra de Gracia, me encontré en una situación que tal vez ha sido la más difícil de mi ministerio. El día de mi ordenación, el Espíritu de Dios dijo que los ojos del enemigo se habían abierto a nuestro llamado pero que Él nos había dado la unción para batallar contra principados y potestades y toda clase de espíritus de tinieblas. Estas promesas me

---

3   *Íbid*, p. 110.

dieron la fe para perseverar y finalmente triunfar en este severo ataque. Es importante enfatizar, que a través de toda esta situación, los intercesores y muchos de nosotros mantuvimos un espíritu de intercesión continua en guerra espiritual.

Un día recibí una llamada de una persona que necesitaba ayuda económica y matrimonial. El individuo que llamaba, era un ex pastor de una pequeña congregación que conocí en una reunión de pastores. Daba la impresión de que acababa de llegar a la ciudad y no era conocido. Prontamente le asesoré por teléfono y le prometí enviarle a uno de nuestros líderes que trabajaba con los matrimonios en la iglesia, el cual le daría más tiempo de asesoramiento y le llevaría dinero para ayudarle en su necesidad.

Según este joven, no sabía por qué su esposa lo abandonó, y pidió nuestra ayuda para resolver la crisis. Después de varias semanas de asesoramiento y consejería, el joven comenzó a congregarse en nuestra iglesia. Por cierto, tenía una excelente apariencia física. Su personalidad carismática y sus muchos talentos lo hacían una persona muy atractiva, agradaba no solo a muchas hermanitas solteras sino también a algunas de las casadas.

Ignorante de lo que ahora sé, quise aprovechar sus talentos musicales y también ponerlo a predicar. Con la experiencia pastoral que tenía, y como hijo de pastor que era, fue el candidato ideal para capacitar como mi asistente. Veía sus talentos y no su carácter. El hecho de que acababa de divorciarse debió ser una alarma a mi espíritu. No puse atención a las palabras de Pablo:

Ahora bien, *se requiere de los administradores,* que cada uno sea hallado fiel (1 Corintios 4.2)

Cuántos dolores de cabeza y padecimientos pude evitar si solo hubiera puesto en práctica esa escritura. El *requisito* para cualquier persona en posición de liderazgo es que sea hallado fiel, y la fidelidad se demuestra a través de los años.

En poco tiempo, el joven, con su carisma, se ganó el favor del liderazgo y un domingo, en una reunión de líderes, votaron para encargarlo del departamento de evangelización. Se encontró de pronto en una posición que le abrió las puertas a los hogares del resto del liderazgo.

Durante ese tiempo, una pareja de la congregación tenía serios problemas matrimoniales. Sin querer someterse al asesoramiento de la iglesia, la joven esposa le pidió ayuda a este individuo que, como debemos recordar, acababa de divorciarse. Sin autorización ni consulta alguna, el joven empezó a visitarla en su casa o la veía fuera de la iglesia para aconsejarla. La hermana se lo contó a otra mujer que estaba pasando por una situación similar y pronto eran dos mujeres casadas las que se encontraban con él para recibir consejo.

Al enterarme de la situación, lo confronté y lo llamé a cuentas. Cuando le pregunté si estaba asesorando a esas mujeres, me respondió afirmativamente. Después de reiterarle que en nuestra congregación ningún hombre estaba autorizado a aconsejar a una mujer, y que esa era la responsabilidad de las ancianas y de las viudas del ministerio matrimonial, me contestó que toda su vida lo había hecho como su padre lo hacía en su iglesia. Entonces le dije: «Ni yo, que soy el pastor principal, aconsejo a una mujer a no ser que su esposo esté presente. Si eso no es posible, mi esposa o un anciano de la iglesia están presentes. La Biblia nos exhorta a no dar oportunidad al enemigo, a no abrirle puertas y a abstenernos de toda *apariencia* de mal». Le prohibí continuar haciéndolo y contacté a las dos mujeres para reprenderlas e instruirlas que desde ese momento en adelante, todo asesoramiento tenía que ser conforme a las normas de la iglesia.

Al poco tiempo, la primera joven despidió a su esposo y lo sacó de su casa. Sin yo saberlo, las dos mujeres continuaron reuniéndose con el joven y atendiéndole en sus necesidades.

Esto continuó por un tiempo. El joven marido insistió en reconciliarse con su esposa, pero ella no quería nada con él. Hasta la encontró en el apartamento del joven varias veces. Ella le decía que allí recibía consejo. Un triste día, mi esposa, mis hijas, la congregación y yo, supimos que el joven marido se había suicidado.

Su muerte fue traumática para toda la congregación. Había sido la primera alma que ganamos para Cristo al comenzar la iglesia. Todos lo amaban. Era servicial, bromista, juguetón, amable y muy humilde. Fue una gran pérdida. Las lágrimas y el dolor afectaron mucho a toda la congregación.

Las acusaciones, la murmuración y el chisme explotaron. Por casualidad o por designio, el joven responsable de todo se fue de la ciudad por varias semanas. Al regresar, como Absalón contra su padre David, empezó a visitar los hogares de los líderes. Levantó calumnias contra mí y contra mi esposa. Durante este tiempo varios pastores nos notificaron de cosas alarmantes de las que nos acusaba tanto a mí como a varias parejas de la iglesia. Al mismo tiempo, algunos de los líderes, persuadidos por ese espíritu infernal, pidieron una cita para reunirse conmigo. La cita era para confrontarnos con las acusaciones. Durante la reunión, dos amados y fieles siervos y líderes se levantaron en nuestra defensa. Uno de ellos es el padre de la joven influenciada por Jezabel.

Después de ver las pruebas que teníamos de parte de varios de los pastores locales y de reconocer la falta de madurez y sabiduría de estos tres líderes que habían venido con preguntas, oramos y encomendamos al Señor la situación. A los pocos días, todo el liderazgo de la iglesia se reunió. Después de orar y ayunar, excomulgamos a este individuo y lo quitamos oficialmente del liderazgo. Como iglesia, teníamos una norma disciplinaria para situaciones como esta. Seguido todos los pasos necesarios, nos hallamos en el punto de entregarlos a la justicia del Señor.

Cuando se le notificó a la congregación de la situación, se presentó una crisis en la iglesia. Algunas familias optaron por irse, incluyendo parte del liderazgo. Satanás había logrado infiltrarse para hurtar, matar y destruir. Absalón y Jezabel lograron una muy limitada victoria.

Al poco tiempo, los dos individuos usados por Absalón y Jezabel contrajeron matrimonio.

Han pasado algunos años desde que eso sucedió. Las cicatrices de la tragedia todavía no han sido totalmente sanadas. Un padre y su hija han permanecido separados desde entonces, pues no ha habido un reconocimiento del error ni un arrepentimiento. El trauma emocional por la pérdida de aquel amado joven permanece en muchos. Hace poco, mi nietecita de siete años me dijo: «Abuelito, fulano (no mencionaré su nombre) me hace falta». A mí también me hace falta.

Mas gracias sean dadas a Dios, que nos da la victoria por medio de nuestro Señor Jesucristo. Así que, hermanos míos amados, *estad firmes y constantes*, creciendo en la obra del Señor siempre, sabiendo que vuestro trabajo en el Señor no es en vano (1 Corintios 15.57-58).

Capítulo 8

LA JUSTICIA DE DIOS

Mía es la venganza y la retribución; a su tiempo su pie resbalará,
porque el día de su aflicción está cercano, y lo que les está
preparado se apresura. Porque Jehová juzgará a su pueblo
(Deuteronomio 32. 35-36a).

No os venguéis vosotros mismos, amados míos, sino dejad lugar a
la ira de Dios; porque escrito está: Mía es la venganza, yo pagaré,
dice el Señor (Romanos 12.19).

Pues conocemos al que dijo: Mía es la venganza, yo daré el pago,
dice el Señor. Y otra vez: El Señor juzgará a su pueblo (Hebreos
10.30).

TODO LÍDER DEBE SABER que el enemigo va a tratar de
destruir su vida, ministerio, familia y congregación. Como
dijimos en los últimos capítulos, muchas veces el ataque
viene del interior de la misma iglesia. Satanás usa cristianos que no tienen ni la madurez, ni la sabiduría, ni el
conocimiento de las Escrituras para poder discernir que
son usados como instrumentos del maligno para hurtar,
matar y destruir.

Nuestras reacciones a estos ataques determinan el nivel de nuestra *madurez*. Ya mencioné que la madurez del
cristiano no se revela por lo que Dios hace a través de esa
persona, sino en la forma en que reacciona en tiempos de

crisis. Es decir: Nuestra madurez espiritual se mide, no por nuestras acciones, sino por nuestras reacciones.

Tres veces nos dice el Señor: «Mía es la venganza, y la retribución, yo pagaré».

Cuando seamos víctimas de ataques por parte de hermanos en Cristo, seres en los cuales hemos invertido amor, tiempo y recursos, recordemos que nuestro conflicto *no es* contra sangre y carne. No debemos lanzarnos a la defensa y combatir a los que nos atacan, sino descubrir y luchar contra las fuerzas que yacen *tras* el ataque, recordando siempre lo que dice la Palabra:

> No devolviendo mal por mal, ni maldición por maldición, sino por el contrario, bendiciendo, sabiendo que fuisteis llamados para que heredaseis bendición (1 Pedro 3.9).

Dios es nuestro abogado

El profeta Jeremías, como muchos de los siervos de Dios, fue víctima del sufrimiento causado por el pecado. El libro de Lamentaciones es un tesoro literario del sufrimiento como castigo del pecado. En medio del sufrimiento, el profeta descarga su quebranto y su aflicción en el Altísimo. Su confianza en medio de la crisis está puesta en su *abogado*, aquel que lo defiende de toda acusación.

Lo maravilloso de este abogado es que no solamente defiende, sino, que también juzga y declara sentencia.

> Abogaste, Señor, la causa de mi alma; redimiste mi vida. Tú has visto, oh Jehová, mi agravio; defiende mi causa. Has visto toda su venganza, todos sus pensamientos contra mí. Has oído el oprobio de ellos, oh Jehová, todas sus maquinaciones contra mí. Los dichos de los que contra mí se levantaron, y su designio contra

mí todo el día[..] Dales el pago, oh Jehová, según la obra
de sus manos (Lamentaciones 3.58-62, 64).

Abogado tenemos para con el Padre

Hijitos míos, estas cosas os escribo para que no pequéis;
y si alguno hubiere pecado, abogado tenemos para con
el Padre, a Jesucristo el justo (1 Juan 2.1)

Algunos creen que este versículo afirma que aunque estemos en pecado, Jesucristo es nuestro abogado. Jesús no
defiende el pecado; Él vino a pagar el precio del pecado y
a clavarlo en la cruz. Los versículos previos dicen que
todos pecamos, mas, si nos arrepentimos del pecado y lo
confesamos a Él y a aquellos contra los que pecamos, Él es
justo para perdonar cualquier clase de pecado. Por lo
tanto, su defensa depende de la confesión de nuestros
pecados. La confesión es parte del proceso de arrepentimiento en el que vamos ante Dios y ante otros para reconocer nuestras faltas y pedir perdón. Santiago dice:
«Confesaos vuestras ofensas unos a otros, y orad unos por
otros» (Santiago 5.16).

Cuando la ofensa y el pecado vengan, y tarde o temprano vendrán, debemos arrepentirnos con rapidez para
evitar el juicio de Dios. Cuando confesamos nuestro pecado, «la sangre de Jesucristo su Hijo nos limpia de todo
pecado» (1 Juan 1.7). Dios nos declara justos. Jesús entonces toma su posición como nuestro abogado para defen-
dernos contra toda acusación que llegue a los oídos del
Padre celestial. Jesucristo el justo aboga por justicia para
el justo y castigo para el injusto.

Tarde o temprano, el enemigo atacará a todo líder en
el Cuerpo de Cristo. Es parte del precio del liderazgo. Qué

maravilloso es poder descansar en la promesa de que Dios hará justicia y Jesucristo, nuestro abogado, está a nuestra mano derecha.

La justicia de Dios

¿Y acaso Dios no hará justicia a sus escogidos, que claman a Él día y noche? ¿Se tardará en responderles? Os digo que pronto les hará justicia (Lucas 18.7-8a).

Las consecuencias del pecado contra otros, sobre todo contra aquellos que Dios ha llamado y puesto en una posición de autoridad, son severas y rápidas. Proverbios 12.21 dice: «Ninguna adversidad acontecerá al justo; mas los impíos serán colmados de males». El Señor Jehová es el Dios de la justicia, y se muestra prontamente para hacerla (Salmo 94.1-2).

El libro de Proverbios nos revela la rapidez con la que Dios defiende a sus siervos de los labios de los que procuren causarnos el mal (Proverbios 6.12-13).

Perversidades hay en su corazón; anda pensando el mal en todo tiempo; siembra las discordias. Por tanto, *su calamidad vendrá de repente*; *súbitamente* será quebrantado, y no habrá remedio (Proverbios 6.14-15).

Un testimonio personal

Hace algunos años, contraté a un cristiano para construir una casa para mi familia. Este hombre era un contratista general y lo conocía porque era su banquero. Después de pagarle la cantidad total del contrato, abandonó la construcción cuando aún le faltaba terminar una cuarta parte de la obra. Tuvo muchos gastos adicionales por no supervisar a los obreros. No solo abandonó la obra, sino que hipotecó la propiedad por un valor excedente a la cantidad de $40.000. Seguidamente entabló una demanda por la cantidad de la hipoteca, levantando toda clase de falsas acusaciones por medio de sus abogados.

Basándome en las Escrituras (1 Corintios 6.1-8), contraté a otro abogado solo para defenderme. En ningún momento permití que acusara a este individuo por las violaciones de su contrato. Ni tampoco para tratar de recuperar la cantidad de dinero que me costó terminar la obra. Mi verdadera defensa era el Señor, al cual elevaba mis súplicas continuamente. Sabía que Él era mi justicia y Él pagaría. El Señor me guió al Salmo 35, y mi esposa y yo nos unimos en oración todas las noches y cada amanecer. Nuestro clamor al Señor era el mismo del salmista: «Disputa, oh Jehová, con los que contra mí contienden; pelea contra los que me combaten» (Salmos 35.1). Este salmo llegó a ser nuestra oración diaria hasta que vimos la victoria.

En menos de seis meses, mi acusador fue a la bancarrota. Perdió su negocio. No tenía con qué pagar al abogado que contrató para enjuiciarme, y finalmente reconociendo la mano de justicia divina, vino a pedirnos perdón a mi esposa y a mí. Luego le extendí varios préstamos para que pudiera levantar su negocio de nuevo.

Los justos y los injustos

> Sabe el Señor librar de tribulación a los justos [Moffat]
> Y mantener a los injustos bajo castigo hasta el día del juicio (American Standard)
> Pero especialmente a aquellos que acceden a su naturaleza carnal y se entregan a pasiones que los contaminan y desprecian la autoridad, (Godspeed)
> estos son arrogantes y presuntuosos, (Phillips)

no temiendo el hablar mal de los que están en autoridad. (Norlie)

Según Pablo, los injustos son aquellos que no son creyentes y no han sido justificados por el lavamiento de la sangre de Cristo. Pero en la segunda parte del texto se refiere a cristianos carnales que se levantan en rebelión dentro de la iglesia. El Señor mantiene bajo juicio a los injustos hasta que les llegue la hora del juicio, pero mucho más a los cristianos que se levantan en contra de los que están en autoridad. Pablo denota que es aún peor cuando son creyentes.

He descubierto, en el ministerio, que los que más han tratado de perjudicarme son los cristianos carnales que no están en comunión con Dios. Estas personas se sienten miserables y quieren que los demás sientan lo mismo. A menudo son los que más se les ha ayudado y en quienes se ha invertido mayor tiempo.

La Biblia habla de personas «arrogantes y presuntuosas, no temiendo hablar mal de los que están en autoridad». Esto le puede suceder a los que no están en comunión con Dios ni con sus líderes. Piensan que saben más que los que están en autoridad y no temen criticar y murmurar. Con frecuencia se enorgullecen como Lucifer y se llaman a sí mismos al ministerio, o tratan de crearse una posición de liderazgo. El enemigo entonces los usa para traer confusión y dividir la iglesia a la que asisten.

Testimonio de una iglesia

Seis cosas aborrece Jehová, y aun siete abomina su alma: Los ojos altivos, la lengua mentirosa, las manos que derraman sangre inocente, el corazón que maquina pensamientos inicuos, los pies presurosos para correr al mal, el testigo falso que habla mentiras, y *el que siembra discordia* entre hermanos (Proverbios 6.16-19).

Conozco a un pastor que fue atacado por los espíritus de Absalón y Jezabel en su congregación. Sus atacantes le acusaron con lenguas mentirosas y corazones que maquinaban pensamientos inicuos. Fueron prontos y presurosos a causar mal, levantaron falsos testimonios y sembraron discordia entre los hermanos. Fueron culpables de cinco de las siete abominaciones ante el Señor.

La pronta justicia del Señor comenzó a manifestarse para aquellos que no se arrepintieron.

Una pareja matrimonial que participó en esos pecados, sufrió rápidamente severas consecuencias. A los pocos meses de abandonar la iglesia en disensión, pecado y división, la mujer quedó embarazada en adulterio con uno de sus empleadores; ambos perdieron sus trabajos; les quitaron su auto por falta de pago y finalmente perdieron su casa. Hasta la fecha, según me han informado, no se han arrepentido y continúan con muchas dificultades.

Otra mujer que participó en lo mismo, sufrió un accidente automovilístico al poco tiempo. Después que se le dijo que se arrepintiera, rehusó hacerlo. Más tarde, tuvo otro accidente automovilístico. Esta vez sufrió severas heridas que le causaron un daño permanente en una de sus piernas. La compañía de seguro no le pagó por los daños y, como consecuencia, perdió su automóvil y único medio de transporte. Luego perdió su trabajo y fue despedida del sitio donde vivía. Hoy, vive en la casa de su familia. No tiene un sitio al cual llamar su hogar.

Dos familias que se fueron de la iglesia en esa división sufrieron las consecuencias de su pecado con sus hijos. Las iniquidades de los padres visitan a los hijos hasta la tercera y cuarta generación (véase Deuteronomio 5.9). Una de las hijas de cada una de estas familias quedó embarazada por fornicación.

Comenzaron su propia obra en el espíritu de Absalón. Dios no la ha bendecido ni la bendecirá. Toda labor que nace de división y fuera de la voluntad de Dios, es en vano. Es primeramente necesario que venga un verdadero arrepentimiento de corazón.

Lo más triste de todo esto es que creen que no han hecho mal, que no tienen por qué arrepentirse. Leamos un Proverbio que explica esto:

> Todo camino del hombre es recto *en su propia opinión;* pero Jehová pesa los corazones (Proverbios 21.2, énfasis del autor).

La palabra *pesa* en el texto hebreo viene del peso de una balanza. Es decir, el Señor mide la balanza con los motivos del corazón y determina justicia.

Recordemos el consejo de Jesucristo a sus discípulos:

> Guardaos de los falsos profetas, que vienen a vosotros con vestidos de ovejas, pero por dentro son lobos rapaces. Por sus frutos los conoceréis. ¿Acaso se recogen uvas de los espinos, o higos de los abrojos? (Mateo 7.15-16)

El temor a Dios nos debe impedir juzgar o enjuiciar a otros, *aun* cuando haya pecado en la vida de un individuo. Nuestro deber hacia los que están en pecado es restaurarlos con espíritu de mansedumbre. Muchos cristianos cometen un grave error al considerarse por encima del pecado. Estos son los primeros en criticar y enjuiciar al hermano que cae en pecado. El apóstol Pablo escribe por revelación del Espíritu Santo a la iglesia en Roma:

> Pero tú, ¿por qué juzgas a tu hermano? O tú también, ¿por qué menosprecias a tu hermano? Porque todos compareceremos ante el tribunal de Cristo ... De manera que cada uno de nosotros dará a Dios cuenta de sí. Así que, ya no nos juzguemos más los unos a los otros, sino más bien decidid no poner tropiezo u ocasión de caer al hermano (Romanos 14.10, 12-13).

Hace algunos años un famoso televangelista acusó públicamente a un hermano de cometer pecados de inmoralidad. Exigió que el acusado se sometiera a las autoridades de su denominación y que fuera despojado del ministerio. Tristemente, este hermano acusador al poco tiempo fue detenido por la policía con una prostituta y con revistas pornográficas en su auto. Luego rehusó someterse a la disciplina de su denominación, se ausentó de su posición ministerial por solo un breve período y regresó a su ministerio, *sin* arrepentirse públicamente de las acusaciones que le hizo al otro hermano en Cristo.

Poco tiempo después, este famoso televangelista fue detenido una vez más, en la misma ciudad y por el mismo delito. Hoy, su ministerio ha perdido toda credibilidad.

> No juzguéis, para que no seáis juzgados. Porque con el juicio que juzgáis, seréis juzgados, y con la medida que medís, os será medido (Mateo 7.1-2).

Capítulo 9

UN OBSTÁCULO AL EVANGELIO

*Entonces respondiendo Jesús les dijo: ¿no erráis por esto, porque
ignoráis las Escrituras, y el poder de Dios? (Marcos 12.24).*

*Y cuando llegó cerca de la ciudad, al verla, lloró sobre ella,
diciendo; ¡Oh, si también tú conocieses, a lo menos en este tu día,
lo que es para tu paz! Mas ahora esta encubierto de tus ojos ...
por cuanto no conociste el tiempo de tu visitación*
(Lucas 19.41-42,44b).

SE LE PREGUNTÓ A UN LÍDER de la Iglesia «¿Por qué la
Iglesia de hoy no tiene el poder de la del libro de los
Hechos? ¿Será ignorancia o apatía?» Este respondió: «No
sé, ni me importa».

La predisposición mental es una fortaleza espiritual de
género ideológico y es el mayor obstáculo para el desarrollo espiritual, emocional, y material. Cuando tenemos predisposiciones mentales, impedimos que Dios obre en
cuanto a nuestro crecimiento y madurez espiritual. La
mente predispuesta pone freno al mover de Dios. En vez
de ayudar a edificar y construir la obra del Señor, destruye
lo que Dios está haciendo.

Pero ¿qué es una *fortaleza espiritual de género ideológico?*
Gary Kinnaman en su libro Venciendo el Dominio de las Tinie-

blas dice: «Las fortalezas ideológicas tienen que ver con el dominio que Satanás ejerce sobre el mundo a través de filosofías que influyen en la cultura y la sociedad».[1] Esta clase de fortaleza influye también en la Iglesia. Conduce al creyente a una forma de pensar que le impide ver o recibir algo que no concuerde con sus ideas preconcebidas.

La palabra *predisposición* significa predeliverar o predeterminar. Según el *Diccionario ilustrado de la lengua española*, significa: «El acto de disponer anticipadamente, preparar para un fin, ya una cosa, ya el ánimo de una persona».[2] Por lo tanto, una predisposición mental es una idea predeterminada de cómo algo es o debe ser. Con frecuencia, debido a diferentes causas, nos formamos una opinión o idea que nos impide oír lo que Dios trata de decirnos. Esto causa un bloqueo mental que nos impide escuchar al pastor, al hermano, al maestro, al evangelista, al profeta. Estas fortalezas cierran nuestro entendimiento. A menudo son la causa de divisiones en la iglesia, de ofensas entre hermanos y de contiendas.

En 2 Corintios 10.3-5, Pablo indica que parte de las fortalezas que tenemos que destruir en nuestras vidas son argumentos (filosofías), y todo lo que se levanta contra el *conocimiento* (revelación) de Dios, llevando cautivo o atando *todo pensamiento* (predisposición mental) a la *obediencia* a Cristo. La palabra obediencia del griego *hupakoe* significa escuchar atentamente, oír con sumisión condescendiente, asentimiento y acuerdo. En otras palabras, si nos descuidamos, nuestras filosofías pueden ir en contra de la reve-

1   Gary Kinnaman, *Venciendo el Dominio de las Tinieblas*, CLIE, Barcelona, 1992, p. 62
2   Aristos, *Diccionario Ilustrado de la Lengua Española*, Ed. Sopena, Barcelona, 1978, p. 503

lación y nuestra predisposición mental cortará la posibilidad de escuchar a Dios atentamente.

La predisposición mental de los fariseos

Y cuando llegó cerca de la ciudad, al verla lloró sobre ella, diciendo: ¡Oh, si también tú conocieses, a lo menos en este tu día, lo que es para tu paz! Mas ahora está encubierto de tus ojos. Porque vendrán días sobre ti, cuando tus enemigos te rodearán con vallado, y te sitiarán, y por todas partes te estrecharán, y te derribarán a tierra, y a tus hijos dentro de ti, y no dejarán en ti piedra sobre piedra, *por cuanto no conociste* el tiempo de tu visitación (Lucas 19. 41-44).

Tal vez el ejemplo más evidente de una predisposición mental es la del pueblo judío. Los profetas habían anunciado la venida del Mesías para establecer su reino, un reino de la descendencia de David y Salomón que traería, paz, libertad y liberación. Los líderes religiosos, los fariseos y los saduceos, malinterpretaron las promesas a Abraham, Isaac y Jacob y el anuncio de la venida del Mesías que vendría a establecer un reino. Basados en sus circunstancias, se formaron una opinión distinta. Esperaban a un Mesías que vendría a derrotar a los ejércitos opresores del Imperio Romano. Después sería establecido un reino nacional para el pueblo de Israel.

El apóstol Pablo, tratando de dar a entender a los judíos en Antioquía de Pisidia que Dios tenía otro plan, los exhorta diciendo:

Varones israelitas, y los que teméis a Dios oíd: ... Varones hermanos (judíos), hijos del linaje de Abraham, y los que entre vosotros teméis a Dios, a vosotros es enviada la palabra de esta salvación. Porque los habitantes de Jerusalén y sus gobernantes, no conociendo a Jesús, ni las palabras de los profetas que se leen todos los días de reposo, las cumplieron al condenarle. Y sin hallar en Él causa digna de muerte, pidieron a Pilato que se le matase. Y habiendo cumplido todas las cosas que de Él estaban escritas, quitándolo del madero, lo pusieron en el sepulcro ... Mirad pues que no venga sobre vosotros lo que está dicho en los profetas: *Mirad, Oh menospreciadores, y asombraos, y desapareced; Porque yo hago una obra en vuestros días, Obra que no creeréis, si alguno os la contare* ... Entonces Pablo y Bernabé, hablando con denuedo, dijeron: A vosotros a la verdad era necesario que se os hablase primero la palabra de Dios; mas puesto que la desecháis, y no os juzgáis dignos de la vida eterna, he aquí, nos volvemos a los gentiles (Hechos 13.16,26-29,40-41,46).

Pablo predica a los judíos en Antioquía que en Jesucristo se cumplían las profecías del Mesías y como los habitantes de Jerusalén y sus líderes religiosos, aunque todos los sábados leían las escrituras, no tuvieron la revelación ni de Jesús, ni de las palabras de los profetas. A pesar de esto, la predisposición mental del pueblo judío en Antioquía les impedía recibir un evangelio diferente al que se les había enseñado. La Biblia nos revela que en aquella región, los judíos rehusaron la Palabra de Dios, mientras que los gentiles se regocijaron, glorificaron a Dios y creyeron el mensaje de las Buenas Nuevas.

> Pero viendo los judíos la muchedumbre, se llenaron de celos, y rebatían lo que Pablo decía, contradiciendo y blasfemando (Hechos 13.45).

Cuán similar es la actitud de muchos cristianos hoy día, los cuales se oponen, rebaten, contradicen y hasta blasfeman contra otros cristianos. Los celos y la envidia al ver el crecimiento, el entusiasmo, el gozo y la prosperidad de aquellos que obviamente están ungidos por Dios los llevan a un punto de declarar que el mover de Dios es *herejía*.

La predisposición mental en Latinoamérica

En Latinoamérica, la religión tradicional ha formado un concepto y una opinión del cristianismo en el pueblo. Su enseñanza de cuna le impide abrir las puertas de su corazón a las buenas nuevas del Evangelio. Como el pueblo judío, rechazan al cristiano bíblico (evangélico), y lo identifican con las sectas religiosas como los Mormones y los Testigos de Jehová, como otra secta más. De esta manera, al igual que los judíos en Jerusalén, cumplen la palabra profética del Señor que dice:

> Pero si nuestro evangelio está aún encubierto, entre los que se pierden está encubierto; en los cuales el dios de este siglo *cegó el entendimiento de los incrédulos* para que no les resplandezca la luz del evangelio de la gloria de Cristo, el cual es la imagen de Dios (2 Corintios 4.3,4).

En la iglesia evangélica

Tristemente, Satanás ha causado que, dentro del Cuerpo de Cristo, nuestras diferencias teológicas se constituyan en fortalezas ideológicas que a veces nos impiden amarnos, convivir y colaborar en la obra de Dios para llevar a cabo la Gran Comisión. Como ejército dividido, no hemos logrado tener el impacto que revolucione nuestro continente y a nuestro pueblo hispano.

Satanás ha cegado nuestros ojos como lo hizo con los discípulos: «Tomando Jesús a los doce, les dijo: He aquí subimos a Jerusalén, y se cumplirán todas las cosas escritas por los profetas acerca del hijo del hombre. Pues será entregado a los gentiles, y será escarnecido, y afrentado, y escupido. Y después que le hayan azotado, le matarán; mas al tercer día resucitará. Pero ellos «*nada comprendieron de estas cosas, y esta palabra les era encubierta, y no entendían lo que se les decía*» (Lucas 18 31.34, énfasis del autor).

Nuestros conceptos teológicos y predisposiciones mentales nos impiden comprender el mover de Dios y lo que el Espíritu Santo está diciendo a la Iglesia. Si nuestro Señor Jesucristo se vio enfrentado por esta situación, cuánto mas hoy se ven aquellos que Dios usa para despertar a la Iglesia al conocimiento y revelación de la guerra espiritual, de la intercesión, la restauración de la adoración y alabanza, la danza, el espectáculo, las artes, las misiones a los pueblos no alcanzados, la maravillosa gracia de Dios, el evangelismo de poder y la reconquista de ciudades y naciones para Cristo.

Las ideas u opiniones que hemos aprendido causan un bloqueo mental, un impedimento ideológico a las cosas nuevas que Dios hace. Cuántas veces Dios le ha hablado a su pueblo y este, debido a sus ideas preconcebidas, no ha podido ver el mover de Dios, ni oír su mensaje.

Muchos creen que Dios ya no le habla a su pueblo. Otros prefieren que Dios le hable a otros. Y otros buscan una palabra para hoy, pero Dios se reserva el derecho de hablarnos del mañana. El pueblo de Dios, al igual que Israel, será responsable ante Dios por todas las cosas que oyeron por la boca de los profetas, líderes, pastores. A los que endurecen su corazón para no oír, debido a sus predisposiciones mentales, Dios cesa de hablarles.

Cuando hablo de oír la voz de Dios, debo aclarar que

hay muchos que no oyen lo que Dios dice, otros oyen lo que quieren y otros aún no creen ni que Dios habla.

Cuando Moisés escuchó lo que quiso y no lo que Dios dijo

Moisés fue uno de aquellos que debido a su opinión de cómo Dios liberaría al pueblo de Israel, escuchó lo que él quiso y no lo que Dios dijo, no solamente una vez o dos sino tres veces. Así, pues, lo envía a los ancianos de Israel y luego junto con los ancianos lo envía a hablarle al rey de Egipto.

> Y oirán tu voz; e irás tú, y los ancianos de Israel, al rey de Egipto, y le diréis: Jehová el Dios de los hebreos nos ha encontrado; por tanto, nosotros iremos ahora camino de tres días por el desierto, para que ofrezcamos sacrificios a Jehová nuestro Dios, *Mas yo sé que el rey de Egipto NO OS DEJARÁ ir* sino por mano fuerte (Éxodo 3.18-19, énfasis del autor).

Dios claramente le dice a Moisés que el rey de Egipto *no* los dejaría ir. Moisés no oyó esto porque no era lo que quería oír. Nuevamente, Dios le habla a Moisés, diciéndole que el Faraón no los dejaría ir. De nuevo, Moisés no oye lo que Dios le ha dicho.

> Y dijo Jehová a Moisés: Cuando hayas vuelto a Egipto, mira que hagas delante del Faraón todas las maravillas que he puesto en tu mano; *pero yo endureceré su corazón*, de modo que *NO DEJARÁ ir al pueblo* (Éxodo 4.21).

Moisés hizo como el Señor le había dicho. Como resultado se agravaron las cosas para el pueblo de Israel y Moisés enojado con Dios le reclamó a Jehová diciendo: «Señor, ¿Por qué afliges a este pueblo? ¿Para qué me enviaste? Porque desde que yo vine a Faraón para hablarle en tu nombre, ha afligido a este pueblo; y *tú no has librado a tu pueblo* (Éxodo 5.22-23)

Muchos cristianos no oyen lo que el Espíritu Santo está diciendo a la Iglesia de hoy. Muchos *rehusan* ver lo que Dios está haciendo. Se han hecho una idea de lo que es y no es de Dios que les impide ver la presencia y bendiciones del Señor.

Dios no siempre habla de bendición, de prosperidad, de felicidad. Muchas veces Dios habla de sabiduría, de disciplina, de consagración, de compromiso, de sacrificio, de fidelidad, de corrección, de diezmos, de ofrendas, de oración, de intercesión, de ayuno. Dios habla de lo que sea necesario para su pueblo.

Tenemos que derribar las fortalezas ideológicas que nos hemos formado y escuchar el mensaje de Dios para su ejército. Tengo la plena certidumbre de que el mensaje profético de Dios para la década de los noventa es «Iglesia, prepárate para la gran batalla final».

Hoy en día cada cristiano se forma opiniones acerca de lo que Dios quiere hacer en el ministerio. Impiden el derramamiento y movimiento de Dios. Nos mantenemos divididos porque no estamos de acuerdo en cuanto a cosas como, la adoración y alabanza, el hablar en otras lenguas, la danza y las artes, la guerra espiritual, la risa y el gozo, la profecía, la forma de vestir, el largo del pelo, etc., etc., etc. Hermanos, debemos despertar. Lo que nos une es mucho mas fuerte que lo que nos divide. La sangre de Cristo, la cruz de Cristo y el amor incondicional de Dios nos hacen *uno*.

El evangelio de las cuatro P

En algunos lugares, el pentecostalismo no es más que un

legalismo de obras. Cuando el avivamiento de Asuza comenzó, las características que lo definieron eran la libertad de expresión en la oración, en la alabanza, en el gozo, en la profecía, en las lenguas, en la gracia de Dios.

Hoy día, de muchos púlpitos no se escucha nada acerca de la guerra espiritual, la intercesión, la gran comisión, las misiones, la oración, el ayuno, la fidelidad, el sacrificio. Nada de lo que es necesario para estos últimos días.

En muchas naciones de Latinoamérica el evangelio que predomina es el que he llamado el evangelio de las cuatro P: *pelo, prendas, pintura y pantalón.*

¿Es esto lo que Dios quiere enseñarle a su pueblo para batallar contra el furioso ataque del enemigo? La verdad sea dicha, muchos predicadores solo hablan acerca de sus propias debilidades y preocupaciones. Sin embargo, Dios nos llama a proclamar un evangelio de poder.

El consejo de Dios al profeta Samuel fue: «No pongas atención a su vestir ni a su estatura, porque yo lo he desecho; porque Jehová no mira como mira el hombre; pues el hombre mira la apariencia externa, pero Jehová mira el corazón» (1 Samuel 16.7, Berkley).

El Espíritu Santo nos exhorta a través de Pablo a no enfocar nuestra vista en las cosas terrenales sino las celestiales. Es decir, en las cosas espirituales (véase Colosenses 3.2).

El apóstol Pablo nos dice que dejemos de vivir conforme a las costumbres y opiniones carnales de este mundo, sino que renovemos, cambiemos de actitud y opiniones que nos permitan discernir y comprender la buena, aceptable y perfecta voluntad de Dios (véase Romanos 12.2).

Las fortalezas ideológicas que han dividido y fragmentado al Cuerpo de Cristo contemporáneo no son nada diferentes de las que Pablo declara que eran evidencia de carnalidad y falta de madurez en la Iglesia de Corinto. Pablo reprende a la iglesia en Corinto y los exhorta a la unidad. Divisiones, sectarismos, celos, envidias y contiendas manifestaban la inmadurez, carnalidad e ignorancia en Corinto y reflejan su horrible rostro en nuestros medios.

> De manera que yo, hermanos, no pude hablaros como a espirituales, sino como a carnales, como a niños en Cristo ... porque aún sois carnales; pues habiendo entre vosotros celos, contiendas y disensiones, ¿no sois carnales, y andáis como hombres? Porque diciendo el uno: Yo ciertamente soy de Pablo; y el otro: Yo soy de Apolos, ¿no sois carnales? (1 Corintios 3. 1,3-4)

Dios nos ordena hoy mismo a derribar toda fortaleza, todo obstáculo, toda opinión, toda predisposición mental, que nos impide crecer espiritualmente, madurar en las cosas de Dios, impactar en nuestras comunidades. Dejemos de estorbar lo que Dios quiere hacer en nuestra vida personal, en nuestro hogar, en nuestras congregaciones y en nuestras ciudades y naciones.

Capítulo 10

VISIÓN: REQUISITO DEL LIDERAZGO

Por lo cual, oh rey Agripa, no fui rebelde a la visión celestial. (Reina-Valera, 1960)
No dejé de obedecer la visión celestial. (20th Century)
No me opuse a la visión celestial.(Basic English)
No hice resistencia al llamado de Dios (paráfrasis) (Hechos 26.19)

La visión de Dios

PABLO, AL DEFENDER SU LLAMADO ante el rey Agripa, declara públicamente que Dios lo llamó a entregarse por completo a la visión que Él le había dado. La visión que Dios le dio a Pablo produjo varios cambios en su vida. La visión de Dios para nuestras vidas cambia el curso de todos nuestros planes.

Por medio de esta declaración, Pablo expuso su entrega total al llamado de Dios y demostró los rasgos de un líder. «Pablo estaba totalmente dedicado a la tarea de esparcir el evangelio y establecer iglesias en todo el mundo conocido. Vivió lo que escribió ... Su vida encarnó tres conceptos básicos del liderazgo: 1) Estaba dedicado a las metas y al espíritu de su llamamiento (Flp 3.7-8); 2) comunicó a otros sus convicciones (2 Ti 2.1-2) y soportó todas las dificultades necesarias para alcanzar ese fin (2 Co 4.8-11; 11.23-33). 3) Se mantuvo alerta a los cambios. El apóstol se adaptó a los cambios culturales, sociales y políticos y, de esta manera, nunca perdió su relevante posición (1 Co 9.19-22)».[1]

Proverbios 29.18 dice: «Sin profecía el pueblo se desenfrena». Aquí la palabra profecía en hebreo es *chazon*, que también se puede traducir visión, porque se refiere a «una visión profética, sueño, oráculo o revelación. Particularmente el tipo de revelación que viene a través de la vista, o sea, una visión de Dios... Se usa particularmente para la revelación que reciben los profetas. Véase Isaías 1.1; Ezequiel 12.27-28; Daniel 8. 1-2; Abdías 1; Habacuc 2.2-3... Proverbios 29.18 muestra que cuando una sociedad languidece la revelación divina (percepción de Dios), esa sociedad marcha a la anarquía».[2] El mismo pasaje en la Biblia de Jerusalén dice: «Cuando no hay visiones, el pueblo se relaja ...».

La palabra visión en griego es *horasis*. No significa una aparición ni un espectáculo sino que tiene que ver con la habilidad de percibir o discernir con los ojos de la fe el sueño que Dios pone en nuestro corazón.

Si no tenemos la visión de Dios para nuestras vidas, corremos el riesgo de vivir una vida desenfrenada y relajada, sin rumbo o dirección. Sin embargo, como ha dicho Alberto Mottesi: «Una visión correcta desembocará en pasión, que inevitablemente nos llevará a la acción»

La visión de Dios contiene su plan para la vida de cada uno de sus hijos, su Iglesia y la humanidad. Su visión es la revelación de los planes que Dios dio al hombre por medio de sus profetas, preservada para todas las generaciones en su Santa Palabra.

---

1 *Biblia Plenitud*, Editorial Caribe, Miami FL. 1994, p. 1436
2 *Íbid* p. 553

La visión del líder

No hice resistencia al llamado de Dios (Hechos 26.19)

La visión de un líder es al llamamiento que Dios le da para llevar a cabo sus planes o sus propósitos. Es el sueño inspirado por Dios que arde en su corazón y que lo motiva a cumplir el propósito de Dios con su vida. Sin embargo, la visión que da Dios al líder no es solo para el líder. Es para el pueblo, y requiere sumisión y colaboración.

Visión o división

Dios le dio a Moisés una visión: liberar al pueblo de Israel de la esclavitud y servidumbre en Egipto. Esta no era solamente la visión de Moisés, sino la visión de Dios para su pueblo.

En Números 11.10-15, vemos que Moisés, frustrado por las continuas quejas de las familias que se paraban a la puerta de su tienda todos los días, llegó al punto que muchos pastores y líderes llegan. «Señor, si las cosas van a continuar así, es mejor que me quites esta carga del ministerio. No puedo lidiar con este pueblo... Es tu pueblo. ¿Por qué debo tenerlos junto a mí todo el tiempo? Este ministerio es demasiada carga para yo poder aguantarlo». Y en un momento de total frustración le dice al Señor: «Yo te ruego que me des muerte, si he hallado gracia en tus ojos; y que ya no vea mi mal» (v. 15).

Veamos la respuesta que el Señor le da:

> Reúneme setenta varones de los ancianos de Israel, que tú sabes que son ancianos del pueblo y sus principales; y tráelos a la puerta del tabernáculo de reunión, y esperen allí contigo. Y yo descenderé y hablaré allí contigo, y tomaré del *espíritu que está en ti*, y pondré en

ellos; y llevarán *contigo* la carga del pueblo, y no la llevarás tú solo (Números 11.16-17).

La respuesta a sus problemas: *delegar autoridad*. Dios ordena a Moisés buscar personas que se hayan mostrado fieles a través de los años, que hayan pagado el precio de servicio en el pueblo para demostrarles que Moisés es la autoridad que Dios reconoce y al que se le ha dado la visión. Luego le dice que tomará del espíritu[3] que está en él, de la humildad y la visión de Moisés, y lo pondrá en ellos.

Debemos comprender algo muy importante. Es absolutamente necesario que el liderazgo que rodea al líder tenga la misma visión, el mismo propósito, el mismo objetivo, que su líder. *Donde hay más de una visión, hay división.* Si no se tiene el mismo objetivo, no se puede trabajar en la misma obra. Una persona puede tener una poderosa unción del Espíritu Santo, pero si no tiene el mismo espíritu del líder, no sirve. Para que una obra crezca y se multiplique, todos los líderes deben tener un mismo sentir. La Biblia dice que deben estar «unánimes» (Hechos 1.14), de un corazón y mente.

Cuando Dios se propone hacer algo, siempre escoge a un líder para llevarlo a cabo. Tal vez ante nuestros ojos no sea el más propicio, el más educado, ni el mejor; sin embargo, es el que Él desea. Muchas veces Dios no elige a la persona esperada sino a la menos esperada. Dios no busca talento sino carácter. Los discípulos que Jesucristo escogió como sus discípulos y futuros líderes de la Iglesia, inclu-

---

3 El Señor no está hablando del Espíritu Santo, sino del espíritu que Moisés tiene de humildad y entrega a la visión de Dios. Espíritu también se puede definir como: «propósito, objetivo, y como una visión» (véase W. E. Vine, *Diccionario Expositivo del Nuevo Testamento*, CLIE, Barcelona, 1984, Vol 2, p. 79).

yendo a Judas Iscariote, no hubieran sido los que muchos líderes hubieran escogido.

En la obra de Dios, una sola persona no puede ni debe hacerlo todo. Debe ser la obra de *un equipo*. Un equipo comprometido con su líder y su visión.

Con frecuencia, llegan personas a la iglesia con muchos talentos, dádivas y unción por el Espíritu Santo, pero con *su propia agenda*, su propia visión. No quieren someterse a la visión del líder, y pronto llega la división. Jesús dijo: «Una casa dividida contra sí misma, cae» (Lucas 11.17). Es decir; no puede mantenerse en pie. Solamente puede haber *una visión* en cada ministerio o congregación y tiene que ser la del hombre que Dios ha puesto por cabeza.

Por dos años trabajé como director ejecutivo de la Asociación Evangelística de Alberto Mottesi. Durante este tiempo, trabajé fielmente para ayudar a ese ministerio con los dones que Dios me ha dado. Tanto Alberto como yo sabíamos que Dios me llamó al ministerio. Una vez que hice todo lo necesario para la asociación, Alberto y yo oramos juntos y fui obediente a la visión que Dios me ha dado. Hoy día continuamos trabajando como equipo, pero al nivel de asociado. Nuestra amistad es la de un padre y un hijo. Le amo y le aprecio y admiro su ministerio.

Moisés eligio a los setenta. Dios le dio la opción de escoger los hombres que él quería en su equipo. No fueron elegidos por votación del pueblo, no fueron seleccionados por Dios; fueron escogidos por el líder, Moisés.

Cuando un presidente es elegido y toma su oficio, es él quien escoge a su gabinete. Cuando un entrenador llega a un equipo, escoge a su equipo de entrenadores y líderes. Todos los que estaban trabajando para el líder anterior presentan su renuncia. La razón para esto es que con frecuencia, cuando llega un nuevo líder, las personas tienden a comparar la visión del hombre anterior con la del presente, y es inevitable que las comparaciones causen problemas y dificultades al nuevo líder.

El nuevo líder también necesita comprender la visión de su antecesor. El carácter y la dirección de un ministerio no se cambia de la noche a la mañana. La personalidad de una congregación debe de ser estimada por el nuevo liderazgo. Josué fue escogido por Dios para continuar la obra que había comenzado con Moisés. El llamado de Josué fue a levantarse y concluir lo que Moisés había comenzado. Dios le entregó a Josué la obra como lo había dicho a Moisés. La promesa fue: «Como estuve con Moisés, estaré contigo; no te dejaré ni te desampararé» (Josué 1.2-6).

Servicio y obediencia

¿A quién somos llamados a servir como líderes en el ministerio? El noventa y nueve por ciento de la gente respondería: Al pueblo de Dios. Pero los líderes son llamados a servir primeramente a *su líder*. Esto no parece espiritual, ¿verdad? Escuchemos este diálogo entre Samuel y el rey Saúl:

> ¿Por qué, pues, no has oído la voz de Jehová, sino que vuelto el botín has hecho lo malo ante los ojos de Jehová? Entonces Saúl dijo a Samuel: Yo he pecado; pues he quebrantado el mandamiento de Jehová y *tus palabras*, porque temí *al pueblo* y consentí a la *voz de ellos*. Perdona, pues, ahora mi pecado (1 Samuel 15. 19,24).

Saúl desobedeció a Samuel, el líder espiritual del pueblo. Escuchó la voz del pueblo y les temió. Por esta desobediencia, perdió su posición de autoridad y su reino. La desobediencia al liderazgo es motivo suficiente para quitar aun al rey. Todo líder debe obrar de acuerdo a la visión y dirección de *su* líder y *no* la del pueblo. Aarón desobedeció a Moisés, escuchó al pueblo y por poco pierde su vida (Éxodo 32).

Sin embargo, el liderazgo de Dios no es dictatorial, sino servidor. No tiene derecho a manipular y controlar. Jesús como Señor de señores, dejó el ejemplo, siendo siervo de todos. «El que quiera hacerse grande entre vosotros, será vuestro servidor» (Mateo 20.26). En este sentido sí servimos al pueblo, pero nuestra *obediencia* y lealtad son al líder.

Cuando hablamos de obediencia a los pastores y líderes es desde un punto de vista de servidumbre. La lealtad de los líderes es primeramente con el siervo de Dios que está sobre ellos. Jesucristo ejerció su ministerio bajo la dirección del Padre y no la del pueblo, aun hasta la cruz.

Es importante decir que esta sumisión debe ser sabia y no ciega. Muchas tragedias han pasado cuando los líderes y el pueblo se han sometido ciegamente a la dirección de un líder carismático y no han discernido sabiamente las cosas de Dios.

Antes de recibir el manto o espíritu del líder, tenemos que tener la actitud de siervos, como de un hijo a un padre, y no está basado en la edad. Una vez que tenemos que partir debemos impartir.

Antes de que Dios le dé autoridad a una persona, esta tiene que probar su fidelidad en la casa de Dios y al líder que Dios ha puesto sobre él. Hay personas que tienen un llamamiento de Dios, han sido separados por Dios y llevan la unción del Espíritu Santo pero rehusan someterse a las autoridades de Dios. Llevan en sí un espíritu de Absalón y contaminan a los que les siguen, porque transfieren sus espíritus independientes y rebeldes a sus seguidores. El resultado es confusión y desorden, porque no conocen la sumisión, ni el respeto al concepto de autoridad dado y establecido por Dios.

Antes de ser líderes, tenemos que ser siervos. El ministerio no se aprende en una escuela o seminario, sino en el servicio y bajo la autoridad de un líder. Así es que Eliseo sirvió a Elías, como un hijo a un padre, y recibió el manto de su maestro cuando este partió.

No todo líder es un padre como lo fueron Elías a Eliseo y Pablo a Timoteo. David fue un gran líder, pero un terrible padre. Un padre desea engendrar y criar hijos que son mejores que él mismo. No los envidia sino que se gloría ante Dios de producir buen fruto. Leamos lo que dijo Pablo de Timoteo:

> Espero en el Señor Jesús enviaros pronto a Timoteo, para que yo también esté de buen ánimo al saber de vuestro estado; pues a ninguno tengo del mismo ánimo, y que tan sinceramente se interese por vosotros. Porque *todos buscan lo suyo propio*, no lo que es de Cristo Jesús. Pero ya conocéis los méritos de él, que como hijo a padre ha servido conmigo en el evangelio (Filipenses 2. 19-22).

Otra versión dice: «A nadie tengo del mismo sentir y que esté sinceramente enterado en vuestro bienestar». Este servicio no es uno de obligación sino de un amor respetuoso y fraternal que se identifica con un mismo sentir y no busca su propio interés. Es decir es un amor sumiso y fiel.

La visión personal

Se le preguntó a Helen Keller: «¿Qué sería peor que nacer ciego?» Y contestó: «Tener vista y carecer de visión».

La persona más pobre no es aquella que no tiene bienes

materiales, sino la que no tiene visión. Sin un sueño o una visión en su vida, nunca podrá convertirse en lo que Dios quiere y ha planeado para usted. La diferencia entre el éxito y la derrota está en la visión y el sueño del individuo. La persona exitosa es motivada por algo más grande que ella, un sueño que aparenta estar fuera de su alcance. Sin embargo está convencida de que si trabaja lo suficientemente duro y está dispuesta a pagar el precio del sacrificio, algún día lo realizará.

Durante los juegos olímpicos de Atlanta, un joven nadador norteamericano obtuvo la medalla de oro, el galardón del cual había soñado desde su juventud. A la edad de siete años, comenzó a firmar su nombre añadiendo a su lado el título: USA #1. Es decir, el mejor en los Estados Unidos.

Los sueños o visiones son la sustancia de toda grande obra. Se dice que Miguel Ángel, el famoso artista italiano, viendo una enorme pieza de mármol, exclamó: ¡Tengo que dar libertad a este ángel! El artista estaba delante de una pieza imperfecta, mas no veía la piedra imperfecta sino la obra terminada. Estaba viéndola con los ojos de la fe, aquella fe que nos dice la escritura que es: «la sustancia de las cosas que se esperan, la demostración de las cosas que nos se ven» (Hebreos 11.1, Reina-Valera 1909).

Una persona sin visión se mueve solamente por lo que ve, lo que está a su alcance. No piensa en el mañana y no ve mas allá de sí misma. Alguien hizo un comentario que ha llegado a ser muy conocido: «Algunas personas ven las cosas como son y preguntan: ¿Por qué? Otras ven las cosas como podrían ser y dicen: ¿Por qué no?»

Si tenemos una visión realmente dada por Dios, nos permitirá soñar en su realización por medio de la fe. El Señor nos anima a alcanzar nuestro potencial y ser lo que el desea para nosotros. La visión de Dios a Abram, a José, a Moisés, a Josué, a Samuel, a Isaías, a Jeremías, a Pablo y a todos los líderes escogidos por Dios, les permitió aferrarse a la promesa y verla hecha una realidad en sus vidas.

Tenemos que mantenernos firmes en la profesión (confesión) de nuestra esperanza a la promesa de Dios. La Palabra nos dice:

> Acerquémonos con corazón sincero, en plena certidumbre de fe, purificados los corazones de mala conciencia, y lavados los cuerpos con agua pura. Mantengámonos firme, sin fluctuar, la profesión de nuestra esperanza, porque fiel es el que prometió (Hebreos 10.22-23).

En 1986, un joven llamado Bob Wieland de Pasadena California compitió en el maratón de la ciudad de Nueva York. Entró de último en el 19.413 lugar. Cuatro días, dos horas y diecisiete minutos después de haber comenzado la competencia. A pesar de haber llegado de último, este joven se ganó el corazón de la ciudad de Nueva York. Wieland había competido *sin piernas*. Corrió con sus manos y su torso, yarda por yarda, metro por metro, a la velocidad de dos kilómetros por hora.

«Sabía que podría terminar el maratón» dijo. Lo sabía porque acababa de terminar una caminata de 2.784 millas (4.654 Kilómetros) a través de este país (EE.UU.). «Me encuentro en buenas condiciones... Soy un cristiano nacido de nuevo, y con esto demuestro que la fe en Cristo Jesús y sus promesas permiten vencer lo que aparenta ser imposible». Wieland, un médico del ejército perdió sus dos piernas al pisar una mina durante la guerra de Vietnam.[4]

---

4   The Arizona Republic, Phoenix, AZ. Nov. 7, 1986, p 2a

Si somos hijos de Dios y hechos justos, la Biblia nos revela que el justo por su fe vivirá. Debemos estar plenamente convencidos de que Dios no solamente puede hacer lo que promete, sino que desea cumplir sus promesas para nuestra vida. Recordemos lo que la Biblia dice acerca de Abraham:

> Él creyó en esperanza contra esperanza, para llegar a ser padre de muchas gentes, conforme a lo que se le había dicho: *Así será su descendencia.* Y no se debilitó en la fe al considerar su cuerpo, que estaba *ya como muerto* (siendo de casi cien años), o la esterilidad de la matriz de Sara. Tampoco dudó, por incredulidad, de la promesa de Dios, sino que fortaleció en fe, dando gloria a Dios, plenamente convencido de que era también poderoso para hacer todo lo que había prometido (Romanos 4.18-21).

La verdad y la realidad son palabras sinónimas. *Los sueños y las visiones nos revelan una imagen* que a través de la perseverancia, el trabajo duro, la fe, la esperanza y la cooperación se hacen realidad.

Lo que vemos en un espejo es una imagen. Dios quiere que comencemos a visualizar como la reflexión de un espejo *la visión* que nos ha dado; para ir de fe en fe y de gloria en gloria hasta verla hecha una realidad.

Capítulo 11

EL CONSEJO DE DIOS

*Porque no he rehuido anunciaros todo el consejo de Dios.
Por tanto, mirad por vosotros y por todo el rebaño en que el
Espíritu Santo os ha puesto por obispos, para apacentar la
iglesia del Señor, la cual Él ganó por su propia sangre
(Hechos 20.27-28).*

*Ruego a los ancianos que están entre vosotros,
yo anciano también con ellos, y testigo de los padecimientos de
Cristo, que soy también participante de la gloria que será
revelada: Apacentad la grey de Dios que está entre vosotros,
cuidando de ella, no por fuerza, sino voluntariamente; no por
ganancia deshonesta, sino con ánimo pronto; no como teniendo
señorío sobre los que están a vuestro cuidado, sino siendo
ejemplos de la grey. Y cuando aparezca el Príncipe de los
pastores, vosotros recibiréis la corona incorruptible de gloria
(1 Pedro 5.1-4).*

LA BIBLIA AFIRMA QUE DIOS nos ha dado *todo* lo que pertenece a la vida y a la piedad por su poder, por medio del conocimiento de Él (véase 2 Pedro 1.3). Bob Yandian, en un mensaje dirigido a pastores y líderes, dice: «Muchos cristianos ven el ministerio como algo solamente espiritual, pero este también consiste de aspectos prácticos. Con frecuencia, buscamos en la Biblia los aspectos espirituales del ministerio, y luego buscamos en otros libros los aspectos prácticos. La Biblia es el mejor recurso de información para las cosas naturales como para las espirituales. Si un pastor tuviera acceso solamente a la Biblia y ningún otro recurso, su iglesia podría ser un éxito de todas maneras, y su vida podría tener un balance entre lo natural y lo espiritual».[1]

Los dos pasajes al comienzo de este capítulo son un tesoro de instrucción de parte del Espíritu Santo para el pastorado y el liderazgo de la iglesia del Señor. Un cuidadoso y analítico estudio de ellos nos revelan las instrucciones de Dios para todo líder en la obra del Señor.

Hechos 20.17-38 contiene las instrucciones de Pablo a los pastores y líderes que asistieron a lo que fue el primer retiro pastoral, con él como conferencista especial. El apóstol Pablo, conocido por el liderazgo local como el pastor pionero en Éfeso por más de tres años, regresaba a Jerusalén y convocó a los ancianos (líderes) de Éfeso a Mileto, un centro turístico a pocas horas al sur de Éfeso.

Las enseñanzas del apóstol Pedro son muy similares a las de Pablo en su énfasis. Bob Yandian dice: «Creo que una de las razones por las cuales el Espíritu Santo incluyó estos pasajes bíblicos es que todos los ministros, pero particularmente los pastores, son el blanco favorito de Satanás y su ejército de demonios. La destrucción del liderazgo deja a su paso a muchos seguidores confundidos y en desorden. Es por esto que el oficio de pastor está siempre bajo un ataque sobrenatural. Si el enemigo puede eliminar al pastor, destruye la grey.

»El desánimo, el agotamiento y la frustración pueden fácilmente plagar a un pastor si este no reconoce y sigue los principios que enseña la palabra de Dios. No se necesita

---

1   Bob Yandian, *God's Word To Pastors* [Un mensaje de Dios a los pastores], Pilar Books & Pub. Co. Tulsa. OK. 1992, p. ix.

de gran revelación espiritual para librarnos de las trampas del diablo»[2]

Pablo y Pedro aprendieron, a través de muchos años de laborar con la grey de Dios y basado en experiencias positivas y negativas, aquellos principios que son necesarios para ejercer el ministerio.

Todo el consejo de Dios

Durante su pastorado en Éfeso, Pablo enseñó *todo el consejo de Dios*. Hoy día muchos pastores se encierran en algunas doctrinas y no salen de ellas. Conocí a un pastor hace muchos años que por un período de más de un año enseñó a su congregación sobre el compromiso y como consecuencia perdió a más de la mitad de su congregación. A través de Latinoamérica y los Estados Unidos, hay pastores que alimentan al rebaño de Dios con el mismo mensaje de domingo a domingo. Muchos solo enseñan una santidad basada en obras externas que no cambian el corazón del pueblo ni le alimentan espiritualmente.

Pablo dice que no se había apartado de enseñar «todo el consejo de Dios» para que la sangre de ninguno cayera sobre él. Cuando los cristianos sufren o cuando aquellos que se congregan en la iglesia mueren sin conocer al Señor como Salvador, Dios llamará a cuentas a aquel líder que no enseñó *todo* su consejo.

Muchos pastores se abstienen de enseñar sobre ciertas partes de la Biblia simplemente porque estas no concuerdan con sus enseñanzas teológicas. Evitan los temas «controversiales» o que «ofendan» a algunos. Y otros no tocan ciertos temas que han sido llevados a extremos por otros.

---

2   *Íbid*, p. x-xi.

Han visto a personas lastimadas porque siguieron doctrinas fuera de balance y prefieren mantenerse lejos de ellas. Pablo dice: «*No he rehuido* de anunciaros todo el consejo de Dios». El consejo total de la Palabra de Dios nos es dado con el propósito de perfeccionar al hombre para toda buena obra.

> Toda la escritura es inspirada por Dios, y es útil para enseñar, para redargüir, para corregir, para instruir en justicia, a fin de que el hombre de Dios sea perfecto, enteramente preparado para toda buena obra (2 Timoteo 3.16-17).

Hace poco recibí una invitación para participar en una vigilia de oración en la ciudad de Medellín, Colombia. Antes del evento, algunos de los pastores locales expresaron algunas reservaciones por su ignorancia en cuanto a la guerra espiritual. Ciertamente Satanás quiere hacer de este tema un tema de aprensión y división. La razón es evidente: Satanás quiere mantener al pueblo de Dios ignorante de estas cosas espirituales que amenazan su control sobre ciudades y naciones. Debido a esas inquietudes, opté por cancerlar mi visita.

Mirad por vosotros

Pablo dice: «Mirad por vosotros y por todo el rebaño» (Hechos 21.28). Notemos que en el orden de prioridades, la primera en importancia es cuidar de sí. Dios está más interesado en el ministro que en el ministerio. Para Dios, el individuo y su familia vienen antes que el ministerio. Es relativamente fácil reemplazar a un ministro o pastor, pero no es tan fácil reemplazar a un esposo o padre. Mi primera responsabilidad ante Dios es mi relación con Él y con mi familia. He conocido y observado numerosos ministros cuyos hogares han sido destruidos porque pusieron al ministerio por encima de su hogar.

El apóstol nos exhorta a cuidarnos en cosas prácticas y no solamente espirituales. Un siervo de Dios debe proteger su salud. Debe defender el tiempo que dedica para su esposa y sus hijos. El ministro debe cuidarse en su alimentación, en su agenda ministerial, en su forma de vestir, y en otras cosa prácticas que afectan su salud. Mientras más saludable, más productivo, y mientras más productivo, más efectivo en el ministerio.

Los quehaceres ministeriales casi mataron a Epafrodito. Por servir a Pablo, no se cuidó de sí mismo y se enfermó. Me parece que Pablo vio que era necesario que Epafrodito tomara tiempo de descanso. El siguiente pasaje es una alabanza a un trabajador incansable, pero también vemos una advertencia:

> Mas tuve por necesario enviaros a Epafrodito, mi hermano y colaborador y compañero de milicia (Batalla), vuestro mensajero, y ministrador de mis necesidades; porque Él tenía gran deseo de veros a todos vosotros, y gravemente se angustió porque habíais oído que había enfermado. Pues en verdad estuvo enfermo, a punto de morir; pero Dios tuvo misericordia de él, y no solamente de él, sino también de mí, para que yo no tuviese tristeza sobre tristeza. Así que le envío con mayor solicitud, para que al verle de nuevo, os gocéis, y yo esté con menos tristeza. Recibidle pues, en el Señor, con todo gozo, y tened en estima a los que son como él; porque por la obra de Cristo estuvo próximo a la muerte, exponiendo su vida para suplir lo que faltaba en vuestro servir por mí (Filipenses 2.25-30).

Pablo parece decir que Epafrodito era un *trabajólico*

que solamente por la misericordia de Dios no había muerto. Dice que debemos tener en estima los que son como Epafrodito, pero a la vez no deja de enfatizar la tristeza que siente por su condición.

El ministerio que Dios nos da no es para llevarnos a la tumba. Cristo ya fue a la tumba por nosotros para que a través de su muerte tuviéramos vida, no muerte. Hay quienes trabajan en exceso y quieren poner en condenación a todos los que no trabajen como ellos. Viven cansados, fatigados y enfermos. Algunos mueren antes de tiempo a causa de su falta de cuidado para sí mismos.

En mi trabajo para el Señor tengo que viajar con mucha frecuencia. En 1995, volé mas de 160.000 kilómetros, visité cuatro continentes y ministré en dieciséis naciones. Ministré en trece naciones de Latinoamérica en dieciséis ocasiones. En la mayoría de mis viajes procuro tomar algunos días de descanso para visitar y conocer los lugares atractivos de cada nación. Mi esposa me acompaña en todo viaje que excede a los quince días. Cuando llego a casa tomo varios días de descanso antes de comenzar a trabajar con los quehaceres del ministerio.

Trabajé para un individuo que me dijo: «Nunca mezcles el trabajo con las vacaciones». Yo procuro siempre mezclar el trabajo y las vacaciones, porque creo que es la única manera de cuidar mi salud. Esto beneficia a mí, a mi familia y al ministerio.

Cuídate y te salvarás...

Pablo le dice a Timoteo que tenga cuidado de él mismo y de la doctrina para salvarse a sí mismo y los que lo oyeren (véase 1 Timoteo 4.16). La palabra salvarás, del griego *sozo*, se puede usar en el sentido espiritual o el físico. *Sozo* significa salud, o preservarse de daño. Creo que en este caso, se refiere a la salud física que preserva la vida.

Todo pastor debe tomar vacaciones para descansar su mente, su cuerpo y asimismo proveer un tiempo de calidad a su familia. Salomón dice que hay tiempo para todo bajo el sol; tiempo de descansar y tiempo de trabajar. Cuando vaya de vacaciones, disfrute de ellas y no se preocupe por la obra. Es de Dios y Él no permitirá que caiga.

Muchos cristianos van a una reunión social y se sienten culpables si no la convierten en un estudio bíblico. Con frecuencia, esta es una experiencia negativa para el inconverso. Hace algunos años estaba con mi familia en Disneylandia. Durante el desfile de luces algunos jóvenes cristianos, celosos por el evangelio pero escasos en sabiduría, se levantaron a dar gritos de Cristo y del evangelio, interrumpiendo y estorbando a los que atentamente gozaban del desfile. Esto dejó un sabor amargo del evangelio entre muchos allí presentes.

Algunos piensan que el ministerio no puede continuar si ellos no están presentes. Les tengo una sorpresa: Dios ha hecho un buen trabajo por dos milenios sin nuestra ayuda, y con o sin nosotros, cumplirá lo que ha declarado. Es más, la Biblia nos exhorta a no pensar de nosotros mas de lo que debemos.

Dios desea que sus líderes y pastores cuiden de sí mismos, tomen vacaciones, atiendan conferencias y retiros espirituales. Mientras más saludables estemos, más eficientes seremos. Dios quiere que cuidemos de nuestra familia. Como dije anteriormente, Dios puede reemplazar a un ministro a un pastor, pero no hay reemplazo para un esposo o un padre.

¿Cuáles son las cosas más importantes?

Pablo en la epístola a la iglesia en Colosas nos da el orden de prioridades para la vida de un cristiano.

> Y todo lo que hacéis, sea de palabra o de hecho, hacedlo todo en el nombre del Señor Jesús, dando gracias a Dios Padre por medio de Él. Casadas estad sujetas a vuestros maridos, como conviene en el Señor, Maridos, amad a vuestras mujeres, y no seáis ásperos con ellas, Hijos obedeced a vuestros padres en todo, porque esto agrada al Señor. Padres, no exasperéis a vuestros hijos, para que no se desalienten. Siervos obedeced en todo a vuestros amos terrenales, no sirviendo al ojo, como los que quieren agradar a los hombres, sino con corazón sincero, temiendo a Dios (Colosenses 3. 17-22).

Según este pasaje, el orden de prioridades es: Dios primero, nuestro cónyuge segundo, nuestros hijos terceros y luego nuestro oficio. Si nuestro oficio es el ministerio este viene después de Dios y familia. Si nuestro empleo es secular, nuestras obligaciones a este, tienen prioridad al servicio temporal del ministerio.

Hace algunos años, durante el funeral de un pastor muy amado por su congregación, muchos se levantaron para dar testimonio de todo lo que el pastor había hecho por ellos y por sus familias. Los tiempos de visitación al hospital, de aconsejarles, de visitarles, de ministrarles, etc. Al concluir el largo período de testimonios se levantó un joven que estaba en la última fila del salón. Caminando lentamente hasta el podio, tomo el micrófono en sus manos y llorando dijo a los presentes: «Ahora entiendo porqué mi padre nunca tuvo tiempo para mí. Lo dedicó a todos ustedes».

No dejo de declarar a ministros y pastores la promesa

que le he dado a mi esposa: «El día que el ministerio sea perjudicial para mi familia, dejaré el ministerio». El ministerio que Dios me ha dado para mi familia tiene prioridad a toda otra cosa en la tierra.

Por todo el rebaño

Hoy día, hay alrededor del mundo numerosas iglesias que sobrepasan los miles de congregantes. En Corea del Sur se encuentran nueve de las iglesias más grandes del mundo. Una de ellas se estima que sobrepasa 750.000 congregantes. No es posible imaginarnos como pastorear un rebaño de Dios de esa magnitud. Según algunos estudios de Igle-crecimiento, no es posible para un individuo pastorear a mas de setenta personas. Según estos estudios, el concepto de lo que es un pastor requiere el cuidado pastoral. Esto incluye no solamente alimentar a la grey de Dios con la Palabra de Dios, sino también todo lo que va con el discipulado, la disciplina, el asesoramiento, la visitación y otras cosas mas.

La Biblia nos enseña como el pastor de la iglesia mas grande en la historia, una congregación que según los estimados más conservadores sobrepasaba los dos millones, se había convertido en un trabajólico y estaba tan ocupado lidiando con la consejería y el asesoramiento que no le quedaba tiempo para nada más. Dios interviene y le envía a este pastor una persona que había sido su jefe y supervisor por cuarenta años para que le instruya y asesore en el arte de la *administración*.

Este pastor había sido grandemente bendecido por Dios y las noticias de los milagros, señales y prodigios habían llegado a los oídos de su exjefe, que por cierto era también su suegro y además no era un creyente. Me refiero a Jetro y a Moisés. En el capítulo 18 del libro de Éxodo, leemos que Jetro el suegro de Moisés, junto con Séfora la esposa de Moisés y con los hijos de este, Gerzón y Eliezer, llegaron al campamento que estaba junto al Monte Sinaí.

Al llegar estos, en su tiempo de convivio, Moisés le contó a su familia todos los detalles de lo que Dios había hecho por el pueblo de Israel. Al escuchar de las maravillas y milagros, Jetro, convencido, se convierte al Dios de Israel. Debemos recordar que Jetro era un sacerdote de los Madianitas, el pueblo de donde había salido Abram, y el mismo pueblo idólatra que derrotó Gedeón. Jetro dijo: «Ahora conozco que Jehová es más grande que todos los dioses; porque en lo que se ensorbecieron prevaleció contra ellos (Éxodo 18.11).

En estos últimos días estamos viendo en Latinoamérica, como Dios está llamando a muchos profesionales y hombres de negocios al ministerio. Estos traen a la iglesia una muy necesitada experiencia administrativa. En mi caso, el Señor me llamó al ministerio después de más de veinte años en el mundo bancario, con experiencia y estudios administrativos, los cuales Dios me ha permitido usar para la obra del ministerio. Fue esta experiencia que Jetro pudo brindar a Moisés. Al observar el *modus operandi* de Moisés, Jetro inmediatamente procedió a darle consejos sobre la administración y supervisión de un líder a sus congregantes.

> Aconteció que al día siguiente se sentó Moisés a juzgar al pueblo; y el pueblo estuvo delante de Moisés desde la mañana hasta la tarde (Éxodo 18.13).

La agenda de Moisés estaba saturada con citas de consejería y asesoramiento que le ocupaban *todo* el tiempo. Esto es algo parecido a lo que estaba sucediendo en la iglesia de Jerusalén. Esta iglesia estaba en avivamiento y creciendo grandemente. La Biblia dice que el número de discípulos crecía (Hechos 6.1). Este crecimiento demandaba más tiempo del liderazgo para servir al pueblo de Dios. Los doce líderes convocaron a la congregación para aclararles sus prioridades. «No es justo que nosotros dejemos la palabra de Dios, para servir a las mesas ... Y nosotros (los pastores) persistiremos en la oración y en el ministerio de la palabra» (Hechos 6.2,4). ¿Cómo solventaron el problema? ¡La delegación de autoridad! «Buscad pues hermanos, de entre vosotros a siete varones de buen testimonio (fieles y probados), llenos del Espíritu Santo y de sabiduría (conducta prudente en la vida y en los negocios), a quienes encargaremos de *este trabajo*» (Hechos 6.3). ¿Cual era la prioridad de los sobrevedores? ¡La oración y el ministerio de la palabra!

Jetro tenía el mismo consejo para Moisés. Procede a darle a una dosis de consejo administrativo sobre el concepto de prioridades y delegación de autoridad:

> ¿Qué es esto que haces con el pueblo? ¿Por qué te sientas *tú solo*, y todo el pueblo está delante de ti desde la mañana hasta la tarde? Y Moisés respondió a su suegro: Porque el pueblo viene a mí para consultar a Dios. Cuando tienen asuntos, vienen a mí; y yo juzgo entre el uno y el otro, y declaro las ordenanzas de Dios y sus leyes (Éxodo 18.14-16).

Parece que Moisés, por su corazón pastoral, no percibía el orden de sus prioridades y esto lo estaba llevando hacia el agotamiento físico y emocional.

El apóstol Pablo nos dice en la epístola a los Efesios que los dones ministeriales de apóstol, profeta, evangelista y pastor y maestro son dados a la iglesia para *capacitar* los *santos* para la *obra* del ministerio. Es decir, los ministros capacitan, y los santos obran.

> Y Él mismo (Cristo) constituyó a unos, apóstoles; a otros profetas; a otros, evangelistas; a otros, pastores y maestros, a fin de *perfeccionar* a los santos para la obra del ministerio, para la edificación del cuerpo de Cristo (Efesios 4.11-12).

Según la Concordancia Exhaustiva Strong's la palabra *perfeccionar* del griego *katartismos* significa: Adecuar, preparar, entrenar, perfeccionar, calificar plenamente para el servicio.

Observemos lo que Jetro dice a Moisés serían los resultados de continuar ministrándole al pueblo como lo estaba haciendo:

> No esta bien lo que haces. *Desfallecerás* del todo, tú, y también este pueblo que está contigo; porque *el trabajo es demasiado pesado para ti;* no podrás hacerlo tú solo. Oye ahora mi voz; yo te aconsejaré, y *Dios estará contigo.* Está tú por el pueblo delante de Dios, y somete tú los asuntos a Dios. Y enseña a ellos las ordenanzas y las leyes, y muéstrales el camino por donde deben andar, y lo que han de hacer (Éxodo 18.17-20).

Moisés tenía sus prioridades totalmente fuera de orden. Las demandas del ministerio, los quehaceres diarios, le habían hecho perder el concepto de sus obligaciones y responsabilidades como líder de una congregación de millones.

El consejo de Jetro a Moisés ha sido preservado por el Espíritu Santo, para que podamos aprender de este. Su consejo permanece firme y solido para los lideres y pastores contemporáneos. Desde el punto de vista práctico, no era bueno para la salud de Moisés, ni la del pueblo. La carga era demasiada para que Moisés tratará de hacerlo todo.

El oficio de Moisés como pastor del rebaño de Dios era el siguiente:

- Primero. Como INTERCESOR. Clamando a Dios en representación del pueblo de Dios y orando a Dios por los asuntos del pueblo. «Está tú por el pueblo delante de Dios [Intercesión] y somete tú los asuntos a Dios [Oración].

- Segundo. Como MAESTRO. Al enseñar a la congregación todo el consejo de Dios, le enseñamos como ellos no tienen necesidad de tener a alguien de intermediario, sino que ellos con el conocimiento de la palabra pueden tener acceso al trono de Dios y librar batalla contra los ataques del enemigo. «Y enseña a ellos las ordenanzas y las leyes» (Éxodo 18.20)

- Tercero. Como un EJEMPLO. El líder debe demostrar a su congregación el modelo de un esposo, de un padre, de un sacerdote de Dios. Su ejemplo en la intercesión, en el manejo de sus finanzas, en el manejo de su hogar, en su carácter, en su compromiso con el evangelismo y misiones, en su adoración y alabanza, y en todo otro campo de influencia. «Muéstrales el camino por donde deben andar» (Éxodo 18.20).

- Cuarto. Como un DISCIPULADOR. El evangelismo produce crecimiento numérico, pero el discipulado produce crecimiento espiritual. El llamado de Jesús a sus apóstoles fue el de discipular. «Por tanto, id y haced *discípulos* a todas las naciones» (Mateo 28.19, énfasis del autor). «Muéstrales ... lo que han de hacer» (Éxodo 18.20).

- Quinto. Como un ADMINISTRADOR. El buen administrador capacita a individuos para ayudarle en la obra y luego les delega la autoridad para ejercer. Este debe mantener una buena supervisión de los discípulos en entrenamiento como buen sobrevedor para ayudarles, dirigirles y enseñarles cómo liderar. Cuando estos lideres no pueden resolver un problema entonces el administrador está a su alcance para resolverlo.

Analicemos las siguientes palabras de Jetro:

Además *escoge tú* de entre todo el pueblo varones de virtud, temerosos de Dios, varones de verdad, que aborrezcan la avaricia; y *ponlos sobre el pueblo por jefes* de millares, de centenas, de cincuenta y de diez. *Ellos* juzgarán al pueblo en todo tiempo; y todo asunto grave lo traerán a ti, y ellos juzgarán todo asunto pequeño. Así aliviarás la carga de *sobre ti, y la llevarán ellos contigo.* Si esto hicieres, y Dios te lo mandare, tu podrás sostenerte y también todo este pueblo irá en paz a su lugar (Éxodo 18.21-23).

Notemos que los individuos no deben ser seleccionados o escogidos por sus *talentos* sino por su *carácter*, de virtud. Temerosos de Dios (creyentes), varones de verdad (varoniles), y que sepan manejar sus asuntos financieros y no sean amadores del dinero, es decir *buenos mayordomos*, que aborrezcan la avaricia.

Jetro también le recomienda una jerarquía de autoridad. En el mundo de los negocios se conoce como la jerarquía administrativa. El chairman, los presidentes, los vice presidentes, los directores, los supevisores y los empleados. Es decir, un orden de autoridad que permite a los que están en posiciones más altas a separarse de las decisiones pequeñas en el ejercicio de sus funciones. En la Iglesia se podría dividir así: El pastor principal, los pastores, los asistentes pastorales, los directores de ministerio o supervisores, sus asistentes y la congregación. «Por jefes de millares, de centenas, de cincuenta, y de diez».

Estos acarrean el oficio de las decisiones diarias, y las cosas de más importancia son llevadas al pastor a través del orden establecido autoritativamente. «Juzgarán al pueblo en todo tiempo ... y juzgarán todo asunto pequeño». Todas las decisiones de gravedad son llevadas al pastor mayor.

Este concepto se llama el «pastorado administrativo», el cual es muy diferente al «pastorado parroquial». En los próximos capítulos estudiaremos en detalle la diferencia entre estos dos.

Finalmente, el consejo de Jetro es: antes de hacer esto, consulta con Dios. Dios tiene la primera y la última palabra. «Si esto hicieres y Dios te lo mandare».

Gracias a Dios que la actitud de Moisés era la de un discípulo que no lo sabe todo y que está abierto al consejo de alguien que tal vez no era tan espiritual ni ungido como él, pero que hablaba con conocimiento y sabiduría y con muchos años de experiencia en áreas prácticas de administración en las cuales Moisés era deficiente. Es evidente que Moisés buscó la aprobación del Señor y la recibió.

¿Cual fue el resultado del consejo de Jetro a Moisés?

Y oyó Moisés la voz de su suegro, e hizo *todo lo que dijo* (Éxodo 18.24).

Capítulo 12

¿QUÉ ES UN PASTOR?

*Y Él mismo constituyó a unos, apóstoles; a otros, profetas;
a otros evangelistas; a otros, pastores y maestros, a fin de
perfeccionar a los santos para la obra del ministerio, para la
edificación del cuerpo de Cristo (Efesios 4.11-12).*

«¡ESE HOMBRE NO ES UN PASTOR! Parece más bien el presidente de una grande empresa», dirán algunos acerca de los pastores de megaiglesias. «Seguro que no conoce a la mayoría de la congregación». Otros miran a los pastores de iglesias pequeñas y piensan: «Parece que no tiene mucha unción, porque su iglesia no pasa de los cien miembros».

Estas preguntas surgen porque hay confusión acerca de lo que es un pastor. En la mente de algunos, un pastor debe conocer, visitar, llamar, aconsejar y atender a todos los miembros de su congregación, así que el líder de una megaiglesia no es un verdadero pastor. Para otros, un pastor bueno es el que puede producir mucho crecimiento, levantar y administrar una iglesia de miles. La realidad es que ambos tipos de pastores existen, porque hay más de un tipo de pastor.

Dos tipos de pastores

La Reforma trajo a la Iglesia cambios no solamente en

doctrina, sino también en la forma de funcionar. Una de las cosas que no cambió, sin embargo, fue la estructura pastoral. La función pastoral en la Edad Media se limitaba a lo que llamaremos el *pastorado parroquial*. Es decir, la comunidad operaba alrededor del sacerdote de la parroquia. En las poblaciones más pequeñas, la comunidad giraba alrededor de las actividades eclesiásticas. Por esta razón, el edificio donde se congregaba la gente, llamado la iglesia, generalmente se encontraba en el centro del pueblo. Frente a la iglesia había una plaza o un parque en el cual se llevaban a cabo todos los eventos importantes de la comunidad.

La religión de los conquistadores, que era la de la Prerreforma, trajo el mismo concepto parroquial a las tierras conquistadas. Vemos con claridad el sello de su influencia en el 99.9% de todas las ciudades, pueblos y aldeas en Latinoamérica. Después de la Reforma, el protestantismo continuó con el mismo sistema. Lo observamos también en Europa en las naciones que participaron en la Reforma, como Alemania, Suiza, Holanda, Dinamarca, Austria, que fueron cuna de reformistas como Calvino, Knox, Lutero, Zuinglio y Wesley.

Estudios de iglecrecimiento del *Seminario Teológico Fuller*, en Pasadena, California, indican que solo el 20% de las iglesias en todo el mundo tienen más de 100 personas y de ese grupo, el 90% tienen menos de 200 personas. Esto es debido a que casi todas tienen un pastorado parroquial.

Hoy día, la mayoría de las más grandes iglesias del mundo ha adoptado otro tipo de pastorado. Este lo llamaremos el pastorado administrativo. Estudiemos bien estos dos tipos de pastorados.

El pastorado parroquial

La palabra «pastor» significa uno que *cuida* rebaños (no solo uno que los alimenta), y es un *servicio* encomendado a los ancianos (supervisores u obispos). Esto involucra un cuidado tierno y una supervisión llena de atención.[1] El pastor parroquial dedica este cuidado a su congregación entera. Requiere visitas personales, atención constante y mucho amor. Por este motivo, para un solo hombre es casi imposible pastorear a más de setenta personas.

Cuando Jesús describió el corazón de un pastor, habló de uno de cien ovejas:

> ¿Qué os parece? Si un hombre tiene cien ovejas, y se descarría una de ellas, ¿no deja las noventa y nueve y va por los montes a buscar la que se había descarriado? Y si acontece que la encuentra, de cierto os digo que se regocijará más por aquella, que por las noventa y nueve que no se descarriaron (Mateo 18.12-13).

El pastor parroquial casi nunca tendrá una iglesia muy grande porque si la tuviera, no podría darle la misma atención. Algunos pastores, por su carisma y gran dedicación, han logrado levantar congregaciones enormes, especialmente aquellos que tienen unción de evangelista. Sin embargo, como no tienen la posibilidad de discipular y cuidar a tantos miembros, las iglesias se ven forzadas o a cambiar su tipo de pastorado, o dividirse y levantar otras obras, o en el peor de los casos, sufrir por la falta de atención pastoral. Si no cambian, tales iglesias llegan a ser muy impersonales y carecen de miembros fuertes y maduros.

---

1   W.E.Vine, *Diccionario Expositivo del N.T.*, CLIE, Barcelona, 1984, Vol 3, p. 143

El pastorado administrativo

El pastor administrador también es pastor según el concepto bíblico antes mencionado. Sin embargo, muchas iglesias sobrepasan el número de personas que un individuo puede pastorear, como sucede con el avivamiento sin precedente en Latinoamérica. Así como lo hizo Moisés, muchas de estas congregaciones han visto la necesidad de delegar la autoridad a varios líderes para ministrar en su especialidad o llamado. Hoy día, las iglesias tienen pastores de oración, de matrimonios, de jóvenes, de cuidado pastoral, de asesoramiento, de misiones, de varones, de damas y otros más.

En estos casos el pastor principal es un administrador que supervisa la obra de Dios e imparte visión. Su función como pastor es dedicarse a la oración, la Palabra de Dios, atender los asuntos graves de la iglesia y presidir. Este tipo de pastor es *líder* de toda la congregación, pero es probable que solo pastoree a los líderes.

En estos casos, el título de pastor principal se le ha dado al que preside. El apóstol Pablo escribe en Romanos 12.8 «el que preside, con solicitud». Hay un don de presidir. La palabra preside significa: «Aquel que está dotado para orientar en todas las esferas de la vida; o a aquellos que tienen a su cargo funciones administrativas».[2] En estas iglesias, otros con el llamado a ser pastores ejercen este ministerio bajo el liderazgo y la autoridad del pastor administrador.

Efesio 4.12 dice que Dios constituyó a los diferentes ministerios para la edificación del Cuerpo de Cristo. El pastor que se dedica a edificar a sus miembros verá un gran crecimiento, pero si quiere darle el mismo cuidado a

---

2   *Biblia Plenitud*, Caribe, Miami, FL, 1994, p. 1465

cada uno de ellos, ese crecimiento solo llegará hasta cierto punto. Es por esto que vemos que algunas iglesias también se dedican a levantar otras obras con el mismo tipo de pastorado.

Cada individuo tiene una función delegada por Dios en base a su personalidad y estilo. Algunos son llamados a ser pastores parroquiales, y otros a ser pastores administradores. Pero cada pastor es escogido por Dios para cumplir sus propósitos.

Es importante decir que el hecho de que no todos estén llamados a pastorear grandes rebaños no es una excusa para no crecer. Dios nos llama a esforzarnos y hacer lo mejor que podemos, y a hacerlo con excelencia. Dios entonces edifica y multiplica según sus propósitos. Usted no escogió qué parte del Cuerpo de Cristo iba a ser, ni en dónde iba a estar. Dios lo hizo. Si Dios no edifica la iglesia, en vano laboramos.

Como hemos visto, el modelo de iglesia con un pastorado administrativo es mejor para producir iglesias grandes. Estos pastores se dedican a equipar a sus miembros para la obra del ministerio y delegan su autoridad para que el ministerio pueda crecer casi ilimitadamente. Sin embargo, las iglesias con un pastorado parroquial pueden crecer también, dividiéndose luego para comenzar otras obras. Lo importante es que el pastor edifique el cuerpo de Cristo para la obra del ministerio. Sea cual sea el llamado que alguien tenga, debe ser lo que Dios lo ha llamado a ser. Solo así tendrá éxito en su llamamiento.

Mi experiencia como pastor

Yo fui una mezcla de los dos pastorados. Dediqué mucho

de mi tiempo al cuidado pastoral de la grey del Señor, pero ejercí la función de administrador con solicitud.

Durante mis años como pastor, trabajé en diferentes oficios pastorales en una congregación de habla inglesa de miles de personas. Dios nos llamó a comenzar un ministerio hispano con un pequeño grupo de treinta. Trabajamos como si fuéramos una iglesia de doscientos, y con el tiempo llegamos a serlo. Éramos la iglesia hispana más grande en una comunidad muy pequeña de hispanoparlantes. Llegamos a tener personas de dieciséis países diferentes. Por esta razón comenzamos a llamarnos, entre nosotros, «los Estados Unidos Latinoamericanos de Palabra de Gracia».

Con la visión que nos dio el Señor, nos lanzamos en fe, creyendo la promesa de Dios para nuestra congregación. El Señor nos exhortó por medio de Isaías 54.2-3:

> Ensancha el sitio de tu tienda, y las cortinas de tus habitaciones sean extendidas; no seas escasa; alarga tus cuerdas, y refuerza tus estacas. Porque te extenderás a la mano derecha y a la mano izquierda; y tu descendencia heredará naciones y habitará las ciudades asoladas.

El domingo 3 de febrero de 1986, exactamente diez años después de conocer a Cristo como mi Salvador, comencé a laborar como pastor. El Señor me dio tres palabras como modelo del ministerio que acabábamos de emprender: IMPACTO (local, nacional e internacional), EXCELENCIA (en toda área del ministerio) y MOVILIZACIÓN (discipulado y delegación de la obra a través de los miembros). Nuestra visión era crear oportunidades de ministerio para *toda persona*. También queríamos desarrollar líderes que abrazaran la *filosofía y el estilo* de nuestro ministerio para que, como colaboradores en Cristo, ayudaran a implementar la visión que Dios nos dio.

En esta capacidad, Dios me llamó a ser el *visionario*. A los líderes los llamó a ser *compañeros,* y a la congregación, *obreros*.

Entre los líderes y yo, desarrollamos una declaración de misión que sería nuestra guía para el ministerio. Esta incluyó el propósito que tenemos, qué clase de Iglesia somos, qué hacemos y cómo lo hacemos. Así pudimos siempre determinar si estábamos siendo fieles al llamado de Dios para la congregación y evaluar el éxito de nuestros programas.

El éxito se logra cuando hacemos la voluntad de Dios. El éxito no se mide con la popularidad, la asistencia dominical, el tamaño de las ofrendas, el tamaño del edificio, la calidad del predicador o los maestros. Si usted está en la voluntad de Dios y es obediente a lo que le llamó a hacer, tiene éxito.

Muchos pastores se preocupan por lo que Dios está haciendo por medio de otros pastores en vez de hacer lo que Dios les mandó hacer a ellos. Carecemos de sabiduría cuando comenzamos a comparar nuestro ministerio y nuestras congregaciones con otros. La división, los celos y las contiendas con frecuencia entran en el Cuerpo de Cristo de esta manera.

> Porque no nos atrevemos a contarnos ni a compararnos con algunos que se alaban a sí mismos; pero ellos, midiéndose a sí mismos por sí mismos, y comparándose consigo mismos, no son juiciosos. Pero nosotros no nos gloriaremos desmedidamente, sino conforme a la regla que Dios nos ha dado por medida, para llegar también hasta vosotros (2 Corintios 10. 12-13).

No es bueno compararnos con otros líderes o pastores. Nuestro ministerio es del Señor y Él nos ha dado una diferente esfera de influencia y alcance. Al tratar de imitar a otros, quizás excedamos nuestro llamado y nuestros recursos. No podemos ser lo que Dios no nos ha llamado a ser. Dios nos creó con diferentes temperamentos, personalidades y dones. Nos llamó a diferentes oficios y no podemos, ni debemos, compararlos ni competir con otros. Él nos hizo diferentes partes del Cuerpo de Cristo para que necesitemos los unos de los otros.

Conozco muchos ministerios de gran éxito que comenzaron a ministrar fuera del área de su unción y sufrieron las consecuencias de su error. Un evangelista no necesariamente está llamado a ser maestro, ni un pastor necesariamente está llamado a ser profeta, a no ser que Dios los mueva permanentemente de un oficio al otro. El ojo no puede ser la nariz, la boca no puede ser el oído, y ninguno puede decir que no necesita del otro.

La mano siempre está al frente del cuerpo, expuesta y vista por todos. Los anillos y las joyas le lucen. Los pies están debajo del cuerpo, casi siempre cubiertos con medias y zapatos, y aunque cargan todo el cuerpo al caminar, nunca están en prominencia. Sin embargo, ¿cuál de los dos preferirías perder? Son igualmente importantes, aun cuando uno es más prominente que el otro. *Así es con el Cuerpo de Cristo*.

Hace dos años, mi madre sufrió tres infartos cerebrales que la incapacitaron. Perdió el uso de su brazo y pierna izquierdas. Sin la pierna le era imposible movilizarse. El brazo no le hacía la misma falta. El Señor milagrosamente la está sanando. Ya camina con la ayuda de un bastón. Su brazo todavía no tiene movilidad, pero su fe permanece firme en la promesa de su sanidad total. *Así es con el Cuerpo de Cristo.*

> Porque así como el cuerpo es uno, y tiene muchos miembros, pero todos los miembros del cuerpo, siendo muchos, son un solo cuerpo, así también Cristo ... Mas ahora Dios ha colocado los miembros cada uno de ellos en el cuerpo como Él quiso ... Ni el ojo puede decir a la mano: No te necesito, ni tampoco la cabeza a los pies: No tengo necesidad de vosotros. Antes bien los miembros del cuerpo que parecen más débiles son los mas necesarios; y aquellos del cuerpo que nos parecen menos dignos, a éstos vestimos más dignamente; y los que en nosotros son menos decorosos, se tratan con más decoro (1 Corintios 12.12,18,21-23).

Las tres C y los sombreros del liderazgo

Todo líder, y en particular todo pastor, tiene tres esferas de influencia. En el liderazgo, la habilidad de comunicarse en cada esfera o ámbito es muy importante para evitar malentendidos y otros problemas. Me refiero a estas esferas como las tres C del líder: Comunidad, causa y corporación. La tabla siguiente ilustra los campos de acción de cada C:

COMUNIDAD	CAUSA	CORPORACIÓN
Relación	Unción	Administración
Familia	Iglesia	Negocio
Congregación	Líderes	Empleados

La comunicación en cada uno de estos campos es diferente. Para comunicarnos bien con los demás, tenemos que identificar el papel que estamos desempeñando. Es como tener varios sombreros, cada uno representando un campo diferente. Como pastor, descubrí que era de vital importancia saber cuál «sombrero» tenía puesto para comunicarme con alguien.

En una ocasión tuve que llamar a cuentas a un empleado que trabajaba como pastor de jóvenes y director de alabanza. Como empleado, él tenía varias responsabilidades por las cuales recibía un salario. Aunque mi amistad con este joven era muy buena, y su ministerio a los jóvenes era excelente, tuve que disciplinarlo por no cumplir algunas de las obligaciones administrativas que eran requeridas de él. Antes de disciplinarlo, le aclaré que tenía puesto el «sombrero» de la *administración*. No le hablaría como amigo; nuestra amistad era excelente. No hablaría acerca de su ministerio o unción, pues estaba muy satisfecho con su trabajo en este campo. Le tenía que hablar como su jefe porque no estaba cumpliendo con algunas de sus responsabilidades administrativas, tales como enviarme los informes de las reuniones, el presupuesto financiero para el año venidero, etc.

Esto facilita la comunicación y evita que la persona comience a preguntarse ¿Estará enojado conmigo? ¿ No estará satisfecho con mi ministerio?

En otra ocasión, me enteré de un hermano que pensaba hacer una compra que lo hubiera puesto en severas dificultades económicas. Como su amigo, lo llamé a la oficina y antes de aconsejarle le aclaré que en ese momento me estaba poniendo el «sombrero» de amigo (*relación*) y no quería hablarle como su pastor, sino como su amigo.

Una vez tuve que hablar con un buen amigo y líder de la iglesia. Su esposa me informó que su temperamento y actitud hacia ella no eran correctos, y mucho menos para una persona en liderazgo. Al hablar con él, primeramente le aclaré qué «sombrero» me estaba poniendo para hablarle. No le iba a hablar como amigo; nuestra amistad no había cambiado. Tampoco le hablaba como jefe. Le hablaba como pastor (*causa*), para ministrarle en cuanto a su comportamiento matrimonial y como ejemplo de la grey.

En mi vida personal, debo tener en cuenta el rol que estoy ejerciendo y dónde lo estoy ejerciendo. No puedo llevar a mi hogar el «sombrero» de administrador y muy pocas veces el de pastor. En mi familia, debo ejercer como padre y esposo en la esfera de relaciones o comunidad.

Igualmente, cuando estoy en el púlpito o en una plataforma ministerial, debo conducirme con el decoro y la mente de un embajador de Cristo. Mi comunicación debe ser como el que habla los oráculos de Dios. La persona en la plataforma o el podio no es el amigo, ni el jefe. Es el representante de Dios.

También, durante el tiempo de trabajo en la oficina o sitio de funciones administrativas, mi comportamiento, actitud y conducta debe ser el modelo de un hombre de negocios. Sí, estamos en los negocios de nuestro Padre celestial.

En toda comunicación es preciso establecer una jerarquía u orden autoritativo. Todo buen líder debe ser claro y preciso en sus comunicaciones. En el próximo capítulo escribiré acerca del patrón bíblico de autoridad.

Capítulo 13

LA AUTORIDAD
EN LA IGLESIA

TODA AUTORIDAD DEBE SOMETERSE A AUTORIDAD. Este es un principio que vemos aun en la vida del Señor Jesús. Si lo comprendemos, veremos el poder de la autoridad manifiesta en nuestras vidas y nuestros ministerios.

Jesús siempre demostró gran autoridad. Cuando enseñaba, era con autoridad. Al echar fuera demonios, demostraba que tenía autoridad sobre ellos. Manifestó que tenía autoridad sobre las enfermedades cuando sanó a los enfermos. Sin embargo, Jesucristo se sometía a otra autoridad:

> De cierto de cierto os digo: No puede el Hijo hacer *nada* por sí mismo, sino lo que ve hacer al Padre (Juan 5.19, énfasis del autor).

Jesús es nuestro ejemplo, y este gran hombre de autoridad se sometió al Padre, «haciéndose obediente hasta la muerte» (Filipenses 2.8). El poder de su autoridad estaba basado en una autoridad superior. Esto lo reconoció un centurión en el siguiente pasaje:

> Respondió el centurión y dijo: Señor, no soy digno de que entres bajo mi techo; solamente di la palabra, y mi criado sanará. Porque también yo soy hombre *bajo autoridad*, y tengo bajo mis órdenes soldados; y digo a

éste; Vé, y va; y al otro: Ven, y viene; y a mi siervo: Haz esto, y lo hace. Al oírlo Jesús, se maravilló, y dijo a los que le seguían: De cierto os digo, que ni aun en Israel he hallado tanta fe (Mateo 8.8-10).

El Señor se maravilló ante aquel centurión romano porque percibió el concepto de la autoridad y la sumisión en el ámbito espiritual. El soldado dijo: «Porque también yo soy hombre bajo autoridad». Primeramente reconoció que Jesús estaba bajo autoridad. Entendía el concepto de autoridad dentro de la esfera militar y la esfera administrativa. Sabía que la que él tenía sobre los soldados y sobre sus empleados se basaba en que él estaba sujeto a otra autoridad superior. Es más, sin esta no tendría autoridad.

Jesús luego delegó su autoridad a los discípulos y los envió a llevar a cabo la obra del ministerio (véase Lucas 10.1-20). La autoridad que delegó Jesús fue suficiente y poderosa sobre toda clase de demonios y enfermedades. Leamos cuidadosamente lo que dijeron cuando volvieron:

Señor, aun los demonios se nos sujetan *en tu nombre* (Lucas 10.17, énfasis del autor).

La autoridad que ellos tenían venía del nombre de Jesús. Les dijo: «Os doy potestad...» (v. 19). Al ser discípulos de Cristo, se habían sometido a Él. Ahora actuaban con su autoridad.

Todo líder debe someterse a otra autoridad. Parte del concepto de la cobertura o protección espiritual es que hay que ser responsables ante otros. El apóstol Pablo, en su epístola a Tito, le instruye cómo pastorear a la iglesia en Creta. Pablo y Tito habían desarrollado una obra misionera en Creta y al irse, Pablo delegó su autoridad a este joven. Pablo le dice: «Habla, y exhorta y reprende con *toda autoridad*. Nadie te menosprecie» (Tito 2.15). Tito tenía toda autoridad solo porque Pablo se la había delegado. Nadie podía menospreciarlo porque él se sometía a Pablo y tenía la cobertura del ministerio de ese apóstol.

Leamos otro pasaje sobre la autoridad:

> Sométase toda persona a las *autoridades superiores*; porque no hay autoridad sino de parte de Dios, y las que hay, por Dios han sido establecidas. De modo que quien se opone a la *autoridad*, a lo establecido por Dios resiste; y los que resisten, acarrean condenación para sí mismos (Romanos 13.1-2, énfasis del autor).

Reconocer, ejercer y obedecer a la autoridad es parte del camino de fe. El justo es llamado a vivir por su fe (Romanos 1.17), y todo lo que no es de fe es pecado (Romanos 14.23). No someternos a autoridad es un pecado ante Dios.

El reino de Dios está sujeto a principios y leyes establecidas y ordenadas por Dios para fijar un sistema efectivo y eficiente. Dios ha establecido leyes «de la naturaleza». La ley de gravedad se cumple en toda persona, conversa o inconversa. Las leyes como la del sonido, la densidad, la velocidad, y la luz fueron establecidas por Dios para que hubiera un orden natural para el ser humano. Todas estas mantienen a la naturaleza en orden hasta el tiempo en que Dios desenlazará las leyes establecidas para traer juicio sobre la humanidad.

En el ámbito espiritual, también Dios ha establecido leyes o principios que gobiernan a la humanidad tales como la ley del pecado y de la muerte (Romanos 8.2,25), la ley de fe (Romanos 3.27), la ley de Cristo, que es el amor incondicional (Gálatas 3.23), la ley de libertad que es la gracia de Dios (Santiago 1.25) y naturalmente la ley de Dios.

En el Cuerpo de Cristo, también hay principios que gobiernan su orden. Estos principios le han sido dados a la Iglesia para preservar el orden y permitir que esta funcione eficiente y efectivamente. En este capítulo y el siguiente estudiaremos algunos de estos principios. Estos son la autoridad, el liderazgo, la sumisión y la disciplina en la Iglesia. Cuando ignoramos o rehusamos el orden de autoridad establecido, traemos condenación sobre nosotros mismos y creamos conflictos y tensiones que causan ansiedades y sufrimientos que podemos evitar.

El liderazgo en el Nuevo Testamento

Gordon Fee ha dicho: «El Nuevo Testamento está lleno de sorpresas, pero tal vez ninguna es tan sorprendente como la actitud laxa sobre la estructura y el liderazgo; especialmente, al considerar cuan importante este tema llegó a ser a través de la historia de la Iglesia...»[1]

A través de la historia y por todo el mundo, cada denominación cristiana e iglesia local ha establecido una estructura de gobierno que según cada una está basada en las enseñanzas del Nuevo Testamento. El modelo que la Iglesia primitiva abrazó estableció una distinción dentro del mismo Cuerpo. La diferencia entre el pueblo (laite) y el clero (kleros) alcanzó su más grande y aguda expresión en el catolicismo romano. Este modelo de gobierno quedó en muchas iglesias después de la Reforma como la iglesia episcopal, la iglesia presbiteriana, los hermanos de Plymouth y otros más. Esta estructura divide al liderazgo y al pueblo en cuanto a reglas, obligaciones y dones ministeriales.

---

1   Gordon Fee. *Gospel & Spirit*. Hendrickson Publishers, Peabody, MS, 1991, p. 120.

Algunas denominaciones, como las iglesias bautistas, pentecostales y carismáticas, han cambiado el concepto, y en estas el gobierno de la iglesia está en las manos del pueblo, el cual dirige al liderazgo.

Las epístolas pastorales en realidad no revelan mucho sobre la estructura y gobierno del liderazgo. Lo que más concierne a Pablo es el carácter y la madurez del líder. La estructura bíblica no divide al ministerio del pueblo, ambos son uno, pero con un muy definido liderazgo. El libro de los Hechos de los Apóstoles se refiere a líderes en la iglesia de Jerusalén. Estos son los Apóstoles. Luego el liderazgo está en las manos de Santiago (Hechos 12.17; 15.13).

En Antioquía, el liderazgo aparentemente estaba en las manos de profetas y maestros (Hechos 13.1-2). Más tarde los líderes de las iglesias locales son los «ancianos». Pablo se refiere al liderazgo de Éfeso como «los ancianos».

Y constituyeron ancianos en cada iglesia, y habiendo orado con ayunos, los encomendaron al Señor en quien habían creído (Hechos 14.23).

Enviando, pues, desde Mileto a Éfeso, hizo llamar a los ancianos de la iglesia (Hechos 20.17).

Es un hecho que iglesias de toda persuasión continúan debatiendo sobre la verdadera estructura bíblica o neotestamentaria. ¿Debe ser un gobierno por el pueblo? ¿Congregacional? ¿Democrático? ¿Apostólico? ¿Por comité? ¿Pluralidad de ancianos? Lo cierto es que el Nuevo Testamento no trata en detalle sobre esta área.

Tal vez la estructura correcta es la que mejor resulte dentro de un aspecto FUNCIONAL basado en NECESIDADES y RELACIONES PERSONALES.

Palabras religiosas

En gran parte, la confusión sobre el liderazgo en la Iglesia se origina en el escaso entendimiento de muchas palabras del texto griego que han perdido el sentido que tenían en el idioma original. Estas han llegado a tomar un aspecto *religioso* y por lo tanto tienen el significado que cualquier grupo religioso quiera aplicarle.

Por ejemplo, la palabra *diakonos* o *diakonia* significa siervo, alguien que sirve a otros. Los lectores originales del Nuevo Testamento sabían esto. *Diakonos* ha quedado traducida DIÁCONOS. Esta palabra ha tomado un significado de poderoso sentido religioso. Muchos discuten hoy si una mujer puede ser *diakonos* o diaconisa. Sería tonto discutirlo si la pregunta fuera: ¿puede una mujer *servir* en la iglesia? Tal vez hoy día la mejor traducción de *diakonos* es: VOLUNTARIO. Esta palabra se usa en toda iglesia y es más fiel al significado cultural de *diakonos* en el Nuevo Testamento.

Les presento ahora varias palabras que debemos examinar para ver si las estamos usando correctamente. Son palabras comunes que significan mucho para el que las oiga, pero no siempre con el mismo sentido que tenían cuando Pablo, Pedro y otros las usaron.

Concepto neotestamentario	Del griego	Palabra religiosa	Concepto presente
mensajero	angelos	ángel	Mensajero
buenas nuevas	euangelion	evangelio	buenas noticias
mensajero de algo bueno	euangelistes	evangelista	el que comparte buenas nuevas acerca de Jesús
separado	hagios	santo	especial
los separados	hagioi	santos	cristianos

pastor	poimen	pastor	proveedor de cuidado
proclamador	kyryx	predicador	comunicador
viejo	presbuteros	anciano	maduros, con sabiduría y experiencia espiritual
sobreveedor	episkopos	obispo/anciano	líder
siervo	diakonos	diácono	voluntario
maestro	didaskalos	maestro	instructor
discípulo	mathetes	discípulo	aprendiz
iglesia	ekklesia	iglesia	asamblea
multitud	plethos	congregación	muchedumbre

No se si se dieron cuenta de esto, pero la mayoría de estas palabras describen una *función* y no son *títulos* honorarios. La estructura de autoridad en el Cuerpo de Cristo, en su gran mayoría, está basada en funciones y responsabilidades, no en títulos ni posiciones.

Los líderes son parte del pueblo

Gordon Fee dice que «el liderazgo entre el pueblo de Dios neotestamentario nunca es visto como algo exclusivo o por encima del pueblo, sino como una parte del todo, esencial para su salud, pero gobernada por las mismas normas».[2]

El apóstol Pablo claramente especifica que aquellos que tienen una posición de autoridad, es decir aquellos que presiden o conducen, son parte de los que trabajan en la obra y no están por encima de ellos.

Os rogamos, hermanos, que reconozcáis a los que trabajan *entre vosotros*, y os presiden *en el Señor*, y os

2   *Íbid*, p. 131

amonestan; y que los tengáis en mucha estima y amor por causa de su obra. Tened paz entre vosotros (1 Tesalonicenses 5.12-13).

Los pastores y líderes son parte del pueblo y tienen esa posición para edificar el Cuerpo de Cristo. La distinción entre el pueblo y el clero es la exageración de una división funcional que Dios estableció. El Cuerpo funciona bien cuando todos obran juntos para cumplir los propósitos de Dios, y los líderes están ahí para facilitar ese proceso.

El autor del libro a los Hebreos concluye su carta pastoral recordando y exhortando al pueblo de Dios a recordar no solamente a los que están actualmente pastoreando la iglesia sino a los que en tiempos pasados han invertido parte de su vida a favor de ellos y demostrado por medio de su conducta y su fe el amor y sacrificio por ellos.

Acordaos de vuestros pastores, que os hablaron la palabra de Dios; considerad cuál haya sido el resultado de su conducta, e imitad su fe (Hebreos 13.7).

También exhorta a los creyentes a obedecer y someterse a los pastores o líderes porque son estos los que Dios ha encomendado a cuidar de la grey y ejercer autoridad sobre ella. Esto debe ser en una forma que no les cause agravios ni problemas, porque no es conveniente ante Dios.

Obedezcan a sus líderes y sométanse a su dirección; (20th Century Version) Porque son guardas de su bienestar espiritual, (Phillips) Y Dios los juzgará de acuerdo a como lo hacen, (Taylor) Permitan que su tarea sea agradable, no de dolor y angustias, (Phillips) Porque les causaría perjuicio a ustedes (Berkley) (Hebreos 13.17).

La *Biblia Plenitud* tiene una nota buena sobre este pasaje: «Los cristianos no sólo deben recordar a los anteriores líderes de la iglesia (v.7), sino deben prestar atención a los líderes actuales y ayudarles a cumplir con su obligación de atender a la congregación. La obediencia que se demanda implica aceptar las orientaciones de otros; y subordinarse quiere decir desistir de nuestra propia opinión contraria a la de otros. El autor no sugiere obediencia ciega y sin cuestionamientos a todo lo que el líder dice, aun en aquellas decisiones que se refieren a cambiar de empleo, hacer compras o iniciar un viaje, o cosas por el estilo. El NT enseña la necesidad de aprender a discernir (1 Jn 4.1), afirma la responsabilidad personal ante Dios (Ro 14.12; Gl 6.5), y destaca la mutua sumisión (Ro 12.10; Gl 5.13; Ef 5.21; Flp 2.3-4). Además, los líderes de la iglesia no son jefes autócratas que se enseñorean sobre la congregación, sino siervos que ejercen su autoridad con tacto y cuidado».[3]

Cualquiera sea la estructura de liderazgo, todo líder debe cuidarse de no caer en: la soberbia de su posición autoritativa, el amor a la autoridad en vez de al pueblo de Dios, y la ausencia de responsabilidad a otros. El llamado de autoridad es SERVICIO AL MÁXIMO.

En el próximo capítulo estudiaremos como se ejerce la autoridad en el área de la disciplina.

---

3 *Biblia Plenitud*. Editorial Caribe, Miami, FL, 1994, p. 1640.

Capítulo 14

LA DISCIPLINA DE DIOS

> Y habéis ya olvidado la exhortación que como a hijos se os dirige,
> diciendo: Hijo mío, no menosprecies la disciplina del Señor, ni
> desmayes cuando eres reprendido por Él; Porque el Señor al que
> ama disciplina, y azota a todo el que recibe por hijo. Si soportáis
> la disciplina, Dios os trata como hijos; porque ¿qué hijo es aquel a
> quien el padre no disciplina? Pero si se os deja sin disciplina, de
> la cual todos han sido participantes, entonces sois bastardos, y no
> hijos. Por otra parte, tuvimos a nuestros padres terrenales que
> nos disciplinaban, y los venerábamos. ¿Por qué no obedeceremos
> mucho mejor al Padre de los espíritus, y viviremos? Y aquéllos,
> ciertamente por pocos días nos disciplinaban como a ellos les
> parecía, pero éste para lo que nos es provechoso, para que
> participemos de su santidad. Es verdad que ninguna disciplina al
> presente parece ser causa de gozo, sino de tristeza; pero después
> da fruto apacible de justicia a los que en ella han sido ejercitados
> (Hebreos 12.5-11).

CUANDO LA BIBLIA HABLA DE LA DISCIPLINA de Dios, no se
refiere a las enfermedades, tragedias o circunstancias dolorosas al alma, ni mucho menos a las tentaciones. ¿Quién
de nosotros corrige o disciplina a sus hijos dándoles enfermedades o causándoles daños físicos o emocionales?
Aquellos que *abusan* de sus hijos física o emocionalmente
son considerados criminales aun por una sociedad mala y
perversa. ¿Qué padre desea que sus hijos se enfermen,
pierdan un brazo o una pierna, o queden paralíticos?
Solamente una persona vil y enferma mentalmente.

Jesús enseñó a sus discípulos que si nosotros, como seres humanos y pecadores, no damos a nuestros hijos mal por bien, pan por piedra, pescado por serpiente, cuánto menos nuestro Padre celestial va a causarle daño a sus hijos.

> Pues si vosotros, siendo malos, sabéis dar buenas dádivas a vuestros hijos, *¿cuánto más vuestro Padre que está en los cielos* dará buenas cosas a los que le pidan? (Mateo 7.11).

¿Cómo disciplina el Señor a sus hijos? ¡Como un *padre* disciplina a sus hijos! Por medio de la corrección, la instrucción y la redargución. Si esto no funciona, se les permite pagar el precio o las consecuencias de sus decisiones.

La palabra *disciplina* también se puede traducir enseñanza, instrucción, corrección, castigo. Según el Diccionario Expositivo del NT de W. E. Vine: «denota la formación dada a un niño, incluyendo la instrucción; de ahí, disciplina, corrección, sugiriendo la disciplina cristiana que regula el carácter; igualmente en instrucción».[1]

Pablo dice acerca de la Biblia:

> Toda la Escritura es inspirada por Dios, y útil para enseñar, para redargüir, para *corregir*, para instruir en justicia, a fin de que el hombre de Dios sea perfecto, enteramente preparado para toda buena obra (2 Timoteo 3.16-17).

La disciplina de Dios *tiene* que basarse en las instrucciones que la Biblia nos provee. Para esto es útil. Entonces: ¿Quién es responsable por acarrear la disciplina y cómo? Aquellos que son llamados a hacer *discípulos*. La disciplina

---

1   W.E. Vine, *Diccionario Expositivo del N.T.*, CLIE, Barcelona, 1984, Vol 1, pp. 451-2.

es parte intrínseca o esencial del discipulado. No se pueden separar una de la otra. Es una de las responsabilidades de la Iglesia y es acarreada por el liderazgo.

La disciplina en la Iglesia

Todos aquellos que son discípulos del Señor deben someterse a la autoridad de la iglesia local. La iglesia es responsable, entre otras cosas, de:

- La admisión de miembros para la comunión.
- El gobierno de la congregación.
- El discipulado de la congregación. Esto incluye:
  - La enseñanza de la Palabra de Dios
  - La disciplina o corrección.

La disciplina tiene que estar fundamentada en la Palabra de Dios. En el Nuevo Testamento Jesucristo establece la base y las normas para el proceso de la disciplina.

> Por tanto, si tu hermano peca contra ti, vé y *repréndele* estando tu y él *solos*; si te oyere, has ganado a tu hermano. Mas si no te oyere, toma aún contigo a uno o dos, para que en boca de dos o tres testigos conste toda palabra. Si no los oyere a ellos, dilo a la iglesia; y si no oyere a la iglesia, tenle por gentil y publicano (Mateo 18.15-17).

Si un hermano le hace algo malo, llámelo y dígale en privado cual ha sido su falta. Si le escucha, resuelve la ofensa. Si no le escucha, vaya con uno o dos hermanos y preséntele la ofensa. Si no escucha a ninguno, entonces preséntelo al liderazgo que representa a la totalidad de la congregación. Si este no acepta la recomendación del liderazgo entonces deben romper la comunión con él. Lo *excomulgan*.

Esta palabra parece muy severa, pero solo significa: Declarar a una persona fuera de la comunicación o trato con otras. Este es el proceso de disciplina que el apóstol Pablo recomienda se lleve a cabo en la iglesia de Corinto.

> De cierto, se oye que hay entre vosotros fornicación, y tal fornicación cual ni aún se nombra entre los gentiles; tanto que alguno tiene la mujer de su padre. Y vosotros estáis envanecidos. ¿No debierais más bien haberos lamentado, para que *fuese quitado de en medio de vosotros* el que cometió tal acción (1 Corintios 5.1,2).

Pablo reprende a la congregación por permitir esa clase de pecado y no disciplinarlo. Debieran sentirse tristes y avergonzados de que existe entre ellos esa clase de vida moral y los exhorta a romper comunión y excomulgar al individuo.

> Ciertamente yo, como ausente en cuerpo, pero presente en espíritu, ya como presente he juzgado al que tal cosa ha hecho. En el nombre de nuestro Señor Jesucristo, reunidos vosotros y mi espíritu, con el poder de nuestro Señor Jesucristo, el tal sea entregado a Satanás para destrucción *de la carne*, a fin de que el espíritu sea salvo en el día del Señor Jesús (1 Corintios 5. 3-5).

Esto nos indica que se le remueva la cobertura eclesial que provee la protección de Dios. Esto permite que Satanás obre para traer las consecuencias o la paga del pecado. Recordemos que el apóstol Pablo también entregó a Satanás a Himeneo y Alejandro el calderero, los cuales le habían levantado blasfemias y falsas acusaciones, y le habían causado mucho daño en la iglesia de Galacia. Esta es la clase de castigo o justicia del Señor de la cual escribí en los capítulos 6 al 8.

Conforme a la gravedad de la ofensa, la disciplina puede ser acarreada lo más pronto posible, como en el caso de la inmoralidad del hermano corintio, o a través de un proceso más lento como en el caso de Mateo 18.15-20.

Otras áreas de disciplina que son mencionadas en las epístolas pastorales nos sirven como guías en la función disciplinaria de la Iglesia. Por ejemplo:

- La HOLGAZANERÍA, es decir la persona ociosa que no quiere trabajar y que con frecuencia vive apelando al buen corazón de los hermanos por medio de la manipulación.

    Pero os ordenamos, hermanos, en el nombre de nuestro Señor Jesucristo, que *os apartéis* de todo hermano que ande desordenadamente y no según la enseñanza que recibisteis de nosotros ... ni comimos de balde el pan de nadie, sino que *trabajamos* con afán y fatiga día y noche, para no ser gravosos a ninguno de vosotros; ... Porque también cuando estábamos con vosotros, os ordenábamos esto: Si alguno no quiere trabajar, tampoco coma. Porque oímos que algunos de entre vosotros andan desordenadamente, *no trabajando en nada,* sino entrometiéndose en lo ajeno. A los tales *mandamos y exhortamos* por nuestro Señor Jesucristo (como representantes de la autoridad del Señor), que trabajando sosegadamente, coman *su propio pan* ... Si alguno *no obedece* a lo que decimos por medio de esta carta, *a este señaladlo, y no os juntéis con él,* para que se avergüence. Mas no lo tengáis por enemigo, sino *amonestadle* (reprendedlo) como a hermano (2 Tesalonicenses 3.6,8,10-12,14-15).

- Las QUEJAS y la MURMURACIÓN, particularmente cuando se hacen acusaciones en contra del liderazgo. Recordando que los que están en posiciones de autoridad siempre son victimas de las acusaciones del enemigo, la disciplina debe basarse en hechos comprobados y no en insinuaciones o indirectas. La disciplina publica sirve para advertir a los demás de las consecuencias de su pecado.

  Contra un anciano no admitas acusación sino con dos o tres testigos. A los que persisten en pecar, repréndelos delante de todos, para que los demás también teman (1 Timoteo 5.19-20).

- A los que CAUSAN DIVISIÓN y DISENSIÓN en la Iglesia. Esto es una perversión ante Dios. Jesucristo vino para unirnos, Satanás viene a dividirnos.

  Al hombre que cause divisiones, después de una y otra (dos) amonestación *deséchalo*, sabiendo que el tal se ha pervertido, y peca y está condenado por su propio juicio (Tito 3.10-11).

Razones para la disciplina

- Para la iglesia

  1. Probar la obediencia.

     Porque también para este fin os escribí, para tener la prueba de *si vosotros sois obedientes* en todo (2 Corintios 2.9).

  2. Evitar el escarnio de la iglesia.

     De cierto *se oye* que hay entre vosotros fornicación (1 Corintios 5.1).

3. Eliminar la contaminación del pecado y su influencia en la conducta de los creyentes.

¿No sabéis que un poco de levadura leuda toda la masa? Limpiaos, pues, de la vieja levadura, para que seáis nueva masa, sin levadura como sois (1 Corintios 5.6-7).

4. Para proteger la congregación.

A los cuales es preciso tapar la boca; que trastornan casas enteras, enseñando por ganancia deshonesta lo que no conviene (Tito 1.11).

• Para la persona en disciplina

1. Para demostrar el amor de Dios.

...sino para que supieseis cuán grande es el amor que os tengo (2 Corintios 2.4).

2. Para tratar de salvar al individuo de las consecuencias de su pecado.

...a fin de que su espíritu sea salvo en el día del Señor Jesús (1 Corintios 5.5).

Dos casos difíciles

Durante mis diez años de pastorado, a nuestra iglesia le fue necesario romper comunión con dos personas. Después de pasar por el proceso bíblico, tuvimos que obedecer su mandato.

En el primer caso, después de tratar de traer arrepentimiento a una jovencita que estaba cometiendo fornicación con su primo, la excomulgamos por recomendación unánime del liderazgo debido a que rehusó ser obediente.

Fue muy difícil para todos los hermanos, pero en particular para los familiares de ella que eran miembros de la congregación.

El resultado fue similar al que observamos en las epístolas a los Corintios. El hombre en Corinto fue reprendido y excomulgado. Esto produjo arrepentimiento y logró el objetivo de corregir el mal. Pablo exhorta a los hermanos a perdonar al individuo y retornarlo a la comunión cuando esto suceda.

> Le basta a tal persona esta reprensión hecha por muchos; así que, al contrario, vosotros más bien debéis perdonarle y consolarle, para que no sea consumido de demasiada tristeza. Por lo cual os ruego que confirméis el amor para con él (2 Corintios 2.6-8).

Con el tiempo, esta jovencita se arrepintió y volvió a tener comunión con los hermanos. Más tarde contrajo matrimonio con un joven cristiano y ahora ambos sirven al Señor.

La otra persona fue alguien parecido a Alejandro el caldero. Le causó mucho daño a la congregación y a mí, y hasta el presente no se ha arrepentido. Hoy no participa de la comunión de los hermanos. Pero lo hemos dejado en las manos del Señor.

Capítulo 15

CONCEPTOS DE LIDERAZGO

*Ruego a los ancianos que están entre vosotros, yo anciano
también con ellos, y testigo de los padecimientos de Cristo, que
soy también participante de la gloria que será revelada:
Apacentad la grey de Dios que está entre vosotros, cuidando de
ella, no por fuerza, sino voluntariamente; no por ganancia
deshonesta, sino con ánimo pronto; no como teniendo señorío
sobre los que están a vuestro cuidado, sino siendo ejemplo de la
grey (1 Pedro 5.1-3).*

EL LIDERAZGO ES UNA DÁDIVA DE DIOS. Es un talento especial que le permite a un individuo ejercer algún tipo de
autoridad.

Lo que todo líder debe saber

No todos los buenos administradores son buenos líderes.
Hay una diferencia entre las dos cosas. Un administrador
obra por medio de reglas y normas establecidas para obtener sus resultados. Un líder gobierna basado en sus
talentos relacionales. Un administrador ejecuta, pero un
líder moviliza. Los mejores líderes son intuitivos y sensi-
tivos; los mejores administradores son técnicos.

Un líder sabe lo que motiva a la gente

Al oír que un líder gobierna por medio de su sensibilidad
en las relaciones, algunos preguntarán si un líder *manipula*

a otros para lograr su objetivo. No, hay una gran diferencia entre la *manipulación* y la *motivación*.

- La MANIPULACIÓN es movilizar a otros para beneficio propio.
- La MOTIVACIÓN es movilizar a otros para el beneficio de todos.

Un buen líder reconoce que otros ven las cosas desde un punto de vista diferente. No todos tienen el mismo objetivo o las mismas prioridades. El líder trata de ver las cosas a través de los ojos de sus discípulos. Así puede percibir cuáles son sus necesidades y deseos. Utiliza este conocimiento para motivarlos a realizar lo que el grupo necesite.

El que quiere atraer y recibir el apoyo de otros tiene que suplir las necesidades de sus seguidores. El que reconoce las necesidades de la gente, y toma los pasos necesarios para proveer lo necesitado, tendrá éxito en el liderazgo. La gente se moviliza cuando va a recibir algún beneficio.

Un líder no es líder sin seguidores

Es importante reconocer que no existe tal cosa como un líder sin seguidores. La palabra líder significa: un guía, un jefe, un conductor de una colectividad, el que encabeza una *agrupación*. Parece una tontería tener que enfatizar este punto, pero tristemente, hay muchos líderes que no tienen quien les siga. El liderazgo es una relación entre personas. Muchos tienen la posición sin la relación.

¿Qué debe exhibir un líder para que otros le sigan?

1. SOLIDEZ

Toda persona en liderazgo necesita impartir la visión que Dios le ha dado para que sus seguidores se aferren a ella. El pueblo va a ser movilizado cuando pueda creer y aceptar tanto la visión como al líder. La única forma en que esto va a suceder, es cuando este ha demostrado solidez en su estilo de vida y su visión es creíble.

2. CONFIABILIDAD

Es difícil seguir a alguien si uno no puede confiar en él. Para que el pueblo pueda confiar en un individuo, este tiene primeramente que proyectar confianza en sí mismo, en lo que hace y en los propósitos de Dios para la agrupación que encabeza. Tiene que mostrar fidelidad a los miembros de su grupo y a los propósitos de Dios con ellos.

3. DIRECCIÓN

El líder señala la dirección que debe seguirse para alcanzar un objetivo. Está conciente de los pasos que se deben tomar para lograr sus propósitos. Un líder desarrolla el mecanismo necesario para movilizar al pueblo hacia una realización de la visión de Dios.

4. ÁNIMO Y ENTUSIASMO

Un buen líder imparte entusiasmo y ánimo a los que le escuchan y le siguen. Ese entusiasmo no depende de las multitudes o las circunstancias, sino del mensaje que predica. Si creemos que Dios nos quiere usar para cambiar vidas y confiamos que el mensaje que nos ha dado tiene la unción para hacerlo, estaremos animados y contagiaremos a los que nos escuchen con el mismo ánimo.

5. RELACIONES PERSONALES

La visión no se imparte solo por medio de instrucciones y

exhortaciones. Es necesario establecer buenas relaciones personales con todos los otros líderes y con sus subalternos. Un pastor debe dedicar aproximadamente un 20% de su tiempo a establecer relaciones firmes y buenas con sus líderes.

Para lograr esto, el pastor tiene que participar en sus experiencias personales. Solidifica la confianza y el apoyo al hacer que los líderes se sientan apoyados en tiempos difíciles, y en asuntos espirituales, de aprendizaje, de diversión, de victorias. El pastor debe participar en sus triunfos y derrotas.

¿Que desean los seguidores de sus líderes?

1. ÉXITO

Todos deseamos ser parte de algo que tenga éxito. Nadie quiere ser *hincha* de un equipo perdedor. Todos se entusiasman cuando un equipo es ganador. La gente se entusiasma en ver, conocer y ser parte de un grupo que va de triunfo en triunfo, de victoria en victoria.

La manera de crear una atmósfera de éxito y de victoria es permitir la participación de otros, usar sus talentos y darles crédito y reconocimiento ante otros.

2. QUE SE SUPLAN SUS NECESIDADES

La gente por lo general no asiste o participa en un grupo solo por lealtad. En realidad, la lealtad a un individuo o a una congregación depende de la medida en que sus necesidades se suplen. ¿Que debemos suplir a la grey de Dios durante las reuniones? Lo siguiente:

- comunión y convivio
- adoración y alabanza corporal
- crecimiento espiritual

- sanidad a sus dolencias y quebrantos
- dirección para sus vidas
- aceptación con amor y entusiasmo.

3. DISCIPULADO

Toda persona desea ser capacitada en áreas prácticas de su vida. La gente en crisis necesita dirección sobre cómo, porqué y qué hacer para enfrentarse y batallar en esos tiempos.

4. AFIRMACIÓN

Todos deseamos que nuestras vidas tengan mucho valor. Pablo le escribe a un joven pastor para animarlo y decirle: «Ninguno tenga en poco tu juventud, sino sé ejemplo de los creyentes en palabra, conducta, amor, espíritu, fe y pureza» (1 Timoteo 4.12).

Toda persona necesita tener esperanza. A Sir Winston Churchill se le preguntó: ¿Cuál es el arma más poderosa que tiene para derrotar a los Nazis? Este respondió: «¡Es muy simple: La esperanza!» Dios nos expresa sus pensamientos acerca de nosotros para animarnos y afirmarnos en nuestra fe:

> Porque yo sé los pensamientos que tengo acerca de vosotros, dice Jehová, pensamientos de paz, y no de mal, para daros el fin que esperáis (Jeremías 29.11).

Otra versión dice : «...para daros un porvenir y una esperanza» (CLIE 1977).

Factores para un liderazgo efectivo

1. RELACIÓN (Intimidad con Dios)

Es importante que todo líder sepa cuáles son las prioridades en la vida y el ministerio. El orden de prioridades comienza con una relación íntima y personal con Dios. Debemos cultivar diariamente nuestro caminar con Dios. «Los propósitos de Dios tienen que ser estrechamente atados a nuestras mentes y corazones, y debemos dedicarles atención y tiempo ... La vida personal de los ministros de Dios debe ser tan pura como su doctrina. Ambos fueron hechos el uno para el otro. Si el siervo del Señor no cuida de sí mismo, su doctrina será incoherente y confusa. La influencia de Dios puede apartarse de una persona por descuido, y nuestras mentes pueden perder la intensidad de su llamado»[1]

2. ORACIÓN

La oración es el verdadero tiempo de comunión con Dios. Los líderes de la Iglesia en Jerusalén (Hechos 6.4) reconocían le necesidad de permanecer continuamente en la oración y el estudio de la Palabra de Dios. Aprendamos de ellos.

Un líder necesita dedicar parte de su día específicamente para la oración. Es decir, con todos los quehaceres del ministerio, debe desarrollar una autodisciplina de su tiempo para orar, no solamente por sí mismo, sino también por todas las necesidades de su familia, su ministerio y su congregación. En tiempos intensivos de oración, debe orar por las autoridades, por su ciudad y por su nación.

3. PREPARACIÓN

Procura con diligencia presentarte a Dios aprobado, como obrero que no tiene de qué avergonzarse, que usa bien la palabra de verdad (2 Timoteo 2.15).

---

1   *Biblia Plenitud*. Editorial Caribe, Miami, FL, 1994, p. 1597

En su primera epístola a Timoteo, Pablo le había dicho: «Ocúpate en la lectura (de la Palabra de Dios)». En esta carta le enfatiza que la estudie como *obrero*. La palabra que se traduce obrero denota un trabajador del campo, un labrador, alguien que labora diariamente para producir una cosecha, usando las herramientas del campo, como el azadón, el pico y la pala.

Un verdadero obrero de Dios se prepara en la Palabra porque es la herramienta disponible y necesaria para producir una cosecha de almas o un cambio de vidas. Para estudiarla bien es bueno tener diferentes versiones. Yo tengo a mi disposición un volumen de 26 traducciones distintas de la Biblia en inglés. También tengo numerosas versiones en Castellano, incluyendo Biblia de estudio como la *Biblia Plenitud* de Editorial Caribe, la cual uso con frecuencia como referencia en este libro.

También ayuda tener varias versiones del griego y del hebreo, diccionarios expositivos, concordancias y libros de referencia que contienen la enseñanza que Dios le ha dado a hombres de Dios contemporáneos. Todos estos nos ayudan a usar la palabra de Dios correctamente. Otras versiones de 2 Timoteo 2.15 dicen:

...correctamente analizando el mensaje de verdad (Berkley).

...manejando la palabra con precisión (Rotherham).

...entregando el mensaje de Dios con exactitud (20th Century).

...declarando la palabra de verdad sin distorsión (Conybeare).

Un buen líder reconoce que no lo sabe todo en cuanto a la Palabra de Dios. Continuamente escucho las enseñanzas de otros hombres de Dios en la radio, casetes, televisión. Leo libros de literatura cristiana y de temas especializados, revistas cristianas y seculares. Es decir, reconozco mi ignorancia y procuro aprender de lo que Dios le ha enseñado a otros en su área de especialidad. Con frecuencia asisto a seminarios, talleres, congresos, conferencias y toda clase de reuniones de capacitación e instrucción en las cosas de Dios. Escucho con esmero las enseñanzas de mi pastor y de aquellos pastores cuyas iglesias tengo el privilegio de visitar. Y procuro estar al tanto de lo que Dios está haciendo alrededor del mundo.

4. PRESENTACIÓN
Tanto la manera de vestirse y comportarse ante otros como las costumbres y acciones afectan el liderazgo. Un buen líder es sensible. No quiere ofender a otros, particularmente en el área de diferencias de idioma o cultura. De esta manera evita poner tropiezo a otros.

> Así que, los que somos fuertes debemos soportar las flaquezas de los débiles, y no agradarnos a nosotros mismos. Cada uno de nosotros agrade a su prójimo en lo que es bueno, para edificación. Porque ni aun Cristo se agradó a sí mismo; antes bien, como está escrito: *Los vituperios de los que te vituperaban, cayeron sobre mí* (Romanos 15.1-3).

Organización
Toda empresa u organización es evaluada o juzgada en base a sus habilidades administrativas, técnicas, financieras, comunitarias y de alcance. Si evaluamos nuestro ministerio y reconocemos las áreas en las cuales estamos deficientes y en las cuales sobresalimos, podremos entender por qué nuestro liderazgo es o no efectivo. Así podre-

mos comenzar a dar los pasos necesarios para cambiar lo que se tenga que cambiar y mejorar y progresar en el ministerio.

Algunas de estas cosas parecerán mundanas y no espirituales. Pero recordemos que nuestro Dios es un Dios de orden (véase 1 Corintios 14.40).

Pablo escribió las epístolas para demostrar lo que estaba fuera de orden en las iglesias y corregir lo que no estaba bien. Le dice en una ocasión a los corintios:

Las demás cosas las pondré en orden cuando yo fuere (1 Corintios 11.34).

Jesucristo sabía que era necesario organizar a las multitudes para poder alimentarlas. En la alimentación de los cinco mil, la Biblia nos muestra como los organizó por grupos para repartir la comida y luego poder fácilmente recoger lo que había sobrado. Demostró así también su buena mayordomía, no desperdiciando lo que sobró, sino recogiéndolo, para distribuirlo de acuerdo a las necesidades (véase Marcos 6.37-40,43).

En mi experiencia como hombre de negocios, pastor y administrador, he comprendido la absoluta necesidad de la organización para llevar a cabo mis labores tanto en el mundo de los negocios como en los negocios de mi Padre celestial. Todos los conceptos de administración y liderazgo son igualmente necesarios para desarrollar la obra de Dios.

Como representantes del Reino de Dios y embajadores del evangelio, tenemos que esforzarnos y prepararnos para presentar un buen testimonio ante Dios y ante los hombres. Leamos las exhortaciones de Pablo a dos líderes:

Que los ancianos sean sobrios, serios, prudentes, sanos

en la fe, en el amor, en la paciencia ... presentándote tú
en todo como ejemplo de buenas obras; en la enseñanza
mostrando integridad, seriedad, palabra sana e irrepro-
chable, de modo que el adversario se avergüence, y no
tenga nada malo que decir de vosotros (Tito 2.2,7-8).

También es necesario que tengan buen testimonio de
los de afuera, para que no caiga en descrédito y *en lazo
del diablo* (1 Timoteo 3.7).

Capítulo 16

LA VIDA DEL LÍDER

> *Palabra fiel: Si alguno anhela obispado, buena obra desea. Pero es necesario que el obispo sea irreprensible, marido de una sola mujer, sobrio, prudente, decoroso, hospedador, apto para enseñar; no dado al vino, no pendenciero, no codicioso de ganancias deshonestas, sino amable, apacible, no avaro; que gobierne bien su casa, que tenga a sus hijos en sujeción con toda honestidad (pues el que no sabe gobernar su propio casa, ¿cómo cuidará de la iglesia de Dios?); no un neófito, no sea que envaneciéndose caiga en la condenación del diablo. También es necesario que tenga buen testimonio de los de afuera, para que no caiga en descrédito y en lazo del diablo (1 Timoteo 3.1-7).*

LA AUTORIDAD ESPIRITUAL DEL LÍDER está proporcionalmente relacionada a su humildad y dependencia del Señor. La vida y carácter del líder afectarán su ministerio, quiéralo o no. Por eso es que los versículos clave para el siervo de Dios son Romanos 12.1,2:

> Así que, hermanos, os ruego por las misericordias de Dios, que presentéis vuestros cuerpos en sacrificio vivo, santo, agradable a Dios, que es vuestro culto racional. No os conforméis a este siglo, sino transformaos por la renovación de vuestro entendimiento, para que comprobéis, cuál sea la buena voluntad de Dios, agradable y perfecta.

He dicho que Dios está más interesado en lo que somos que en lo que hacemos. Debemos vivir una vida, *santa y agradable* ante él. Para que nuestra obra sea útil, lo que hacemos debe reflejar un carácter y una conducta rendida a Dios.

Muchos autores han escrito sobre este tema. Quiero presentar lo que yo considero que son los diez elementos básicos para la vida de un líder.

Las diez M del ministerio

MINISTERIO

Me refiero al ministerio a Dios. La Biblia nos dice que hemos sido llamados a ser reyes y *sacerdotes*. El sacerdocio representa nuestro llamado a tener intimidad y entrega total en nuestra relación con Dios. Es un llamado a tener un pleno conocimiento de Él, ya que podemos entrar al lugar santísimo y vivir en comunión con Dios.

> Vosotros también, como piedras vivas, sed edificados como casa espiritual y sacerdocio santo, *para ofrecer sacrificios espirituales* aceptables a Dios por medio de Jesucristo (1 Pedro 2.5).

MATRIMONIO

> Que gobierne bien su casa, que tenga a sus hijos en sujeción con toda honestidad (1 Timoteo 3.4).

> Los diáconos sean maridos de una sola mujer, y que gobiernen bien sus hijos y sus casas (1 Timoteo 3.12).

El manejo del hogar es un reflejo de nuestras vidas. Esto es porque el hogar es el fundamento de la sociedad. Es más, Satanás tiene muchas estrategias para destruir el hogar de un cristiano, y con mayor razón la de un pastor o un líder.

La primera institución que Dios bendijo fue el hogar

(Génesis 1.28). Por esto es que el hogar es la primera prioridad en la vida de un líder. La única excepción es su comunión con Dios (ministerio a Dios).

El enemigo sabe que si puede destruir el hogar, destruye la iglesia, porque la iglesia es una familia de familias. Si Satanás lograra destruir la iglesia, destruiría la ciudad y la nación, porque la iglesia ha sido llamada a ser el elemento que preserva la comunidad. Si la sal de la tierra pierde su poder preservativo, la comunidad se echa a perder. Por lo tanto, el hogar cristiano es el fundamento de las naciones.

MORAL

Hay tres tipos de pecados que pueden producir la caída de cualquier líder. La inmoralidad sexual, el amor al dinero y el amor a la prominencia (soberbia). De cualquier manera que las llamemos, ya sea faldas, fama y fortuna; lujuria, riquezas y gloria; sexo, dinero y orgullo; significan lo mismo.

Las escrituras nos revelan el patrón que el adversario usa para proporcionar la caída de un líder.

> No améis al mundo, ni las cosas que están en el mundo. Si alguno ama al mundo, el amor del Padre no está en él. Porque todo lo que hay en el mundo, los deseos de la carne, los deseos de los ojos, y la vanagloria de la vida, no proviene del Padre, sino del mundo (1 Juan 2.15-16)

El adulterio casi siempre ocurre en un hogar cuando las relaciones entre cónyuges no están en orden. Esto puede ser en el ámbito emocional, sexual, espiritual, o económico. Cuando no hay felicidad ni satisfacción en un matrimonio, uno o ambos cónyuges pueden verse tentados a buscar lo que les falta en los brazos de otra persona. Satanás pondrá al alcance una persona que pueda «comprendernos, satisfacernos o amarnos verdaderamente».

El liderazgo y sus responsabilidades pueden robarle el tiempo de calidad para sus seres amados. Es por esto que un líder debe saber que su hogar tiene prioridad ante Dios. Si su cónyuge reconoce las presiones y demandas del ministerio, debe motivarse a entender y apoyar al líder y de esta manera preservarlo a él y a su ministerio.

MAYORDOMÍA

> Porque raíz de todos los males es el amor al dinero, el cual codiciando algunos, se extraviaron de la fe, y fueron traspasados de muchos dolores. Mas tú, oh hombre de Dios, huye de estas cosas (1 Timoteo 6.10-11a).

El manejo de nuestras finanzas es un espejo de nuestro corazón. Dios llama al líder a ser buen mayordomo de su dinero. Esto incluye como lo gana y como lo usa. El amor al dinero puede causar que un individuo se extravíe de su llamamiento. Jesucristo dijo: «Porque donde esté vuestro tesoro, allí estará también vuestro corazón» (Mateo 6.21).

El barómetro de nuestra relación con Dios es directamente proporcional con la mayordomía de nuestro dinero y nuestro tiempo. Pablo dice que el líder no es «codicioso de ganancias» (1 Timoteo 3.3).

Pablo dijo a los ancianos de Efesio:

> Ni plata ni oro ni vestido de nadie he codiciado. Antes vosotros sabéis que para lo que me ha sido necesario a mí y a los que están conmigo, estas manos me han servido. En todo os he enseñado que, trabajando así, se debe ayudar a los necesitados, y recordar las palabras del Señor Jesús, que dijo: Más bienaventurado es dar que recibir (Hechos 20.33-35).

Es evidente que Pablo había sido bendecido por los hermanos mientras pastoreaba en Éfeso. Una de las bendiciones del ministerio es el amor de las ovejas por su pastor. Muchas veces en apreciación y amor estos hacen regalos de valor al pastor o a los lideres. El ministro debe guardar su corazón para no codiciar estas cosas.

El dinero es una de los aspectos más delicados del ministerio. Antes de partir, Pablo quiso instruir a los ancianos de Éfeso en cuanto a las finanzas. El se da como ejemplo de su integridad financiera en el ministerio y reconoce que a Satanás le gusta utilizar la malversación de fondos para destruir ministerios y congregaciones

El enfoque correcto del ministerio es ministrarle al rebaño de Dios. No es buscar que el rebaño de Dios le pueda ministrar a usted en el área de finanzas. Pablo les recuerda a los pastores que él siempre trabajó para suplir sus necesidades. Mientras estaba en Corinto trabajó haciendo tiendas. Muchos pastores rehusan trabajar en un empleo secular y los que sufren son sus familiares. ¿Cuándo debe un pastor o líder dejar de trabajar en un empleo secular? Cuando el ministerio *tenga* los recursos para suplirle en todas sus necesidades.

«Más bienaventurado es dar que recibir». Es importante recordar esta instrucción. En el corazón del líder debe estar la pregunta: «Qué le puedo dar al pueblo de Dios,» y no «Qué me puede dar el pueblo de Dios».

MADUREZ

Sin embargo, hablamos sabiduría entre los que han alcanzado madurez; y sabiduría, no de este siglo, ni de los príncipes de este siglo, que perecen (1 Corintios 2.6)

Hermanos, no seáis niños en el modo de pensar, sino

sed niños en la malicia, pero maduros en el modo de pensar (1 Corintios 14.20).

Ya hemos dicho que la madurez de un cristiano no se mide por lo que Dios hace *a través* de él, sino por lo que Dios ha hecho *en* él. Nuestra madurez espiritual no se mide por nuestras acciones sino por nuestras reacciones.

La madurez espiritual no tiene nada que ver con la edad, ni el tiempo que uno ha sido cristiano. Sé de cristianos que conocen a Jesucristo y han andado en los caminos del evangelio por muchos años que tienen las reacciones y las actitudes de un niño. También conozco a personas recién convertidas que reflejan gran madurez en su carácter y su actitud.

La madurez espiritual es uno de los más importantes requisitos en la vida de un líder. La fidelidad, el amor, y el dominio propio son evidencia de la madurez de un individuo y parte vital en la vida del líder.

MANERA DE SER

El comportamiento y los modales reflejan como un espejo su hombre interior. La única forma de manifestar lo que Dios ha hecho en nosotros es actuando como cristianos. La Biblia dice que debemos conformarnos a la imagen de Cristo (véase Filipenses 2.5) y ser imitadores de Dios (Efesios 5.1). Si en realidad viviéramos como cristianos, conquistaríamos el mundo para Cristo. Meditemos en el siguiente pasaje:

> El amor sea sin fingimiento. Aborreced lo malo, seguid lo bueno. Amaos los unos a los otros con amor fraternal; en cuanto a honra, prefiriéndoos los unos a los otros. En lo que requiere diligencia, no perezosos; fervientes en espíritu, sirviendo al Señor; gozosos en la esperanza; sufridos en la tribulación; constantes en la oración;

compartiendo para las necesidades de los santos; practicando la hospitalidad. Bendecid a los que os persiguen; bendecid y no maldigáis. Gozaos con los que gozan; llorad con los que lloran. Unánimes entre vosotros; no altivos, sino asociándoos con los humildes. No seáis sabios en vuestra propia opinión. No paguéis a nadie mal por mal; procurad lo bueno delante de todos los hombres. Si es posible, en cuanto dependa de vosotros estad en paz con todos los hombres. No os venguéis vosotros mismos, amados míos, sino dejad lugar a la ira de Dios; porque escrito está: Mía es la venganza, yo pagaré, dice el Señor. Así que, *si tu enemigo tuviere hambre, dale de comer; si tuviese sed, dale de beber; pues haciendo esto, ascuas de fuego amontonarás sobre su cabeza.* No seas vencido de lo malo, sino vence con el bien el mal (Romanos 12.9-21).

MENSAJE

La Biblia Plenitud dice: «La verdad debe estar siempre presente y activa en la vida de cada cristiano. Esto requiere un corazón que pueda distinguir el error y rechazarlo. El estudio de la Palabra, la oración, la meditación, y sobre todo el Espíritu Santo, son medios a través de los cuales un creyente recibe o rechaza cualquier doctrina. Guarda tu corazón y tu mente con gran cuidado».[1]

El apóstol Pablo exhorta a Timoteo que se ocupe de la lectura de la palabra y le indica que debe ser un ejemplo de los creyentes en su conocimiento de ella. Su vida es parte del mensaje. Como dice el apóstol Juan:

Porque este es el mensaje que habéis oído desde el principio: Que nos amemos unos a otros (1 Juan 3.11).

---

1   *Biblia Plenitud*, p. 1689

MÉTODOS

La palabra método significa: «Orden que se sigue en las ciencias para investigar y enseñar la verdad»[2]. La Biblia nos dice que Dios no es el autor de la confusión y el desorden. El líder cristiano debe ser metódico en su obrar. Debe prepararse de antemano, analizar las circunstancias y hacer todo con orden.

> Pero *hágase todo* decentemente y con *orden* (1 Corintios 14.40).

MOTIVACIÓN

Lo que nos mueve a buscar una posición de liderazgo en el Cuerpo de Cristo debe ser un corazón de siervo.

Con frecuencia, muchos buscan una posición de autoridad con motivos incorrectos. Algunos desean el reconocimiento público. Otros quieren tener una posición para controlar a los demás. Otros desean el liderazgo por razones económicas; es decir, ven en el pastorado una forma de suplir sus necesidades financieras. Lo único que nos debe motivar a ser líderes es el anhelo de buscar y proclamar el reino de Dios y su justicia.

> Mas buscad primeramente el Reino de Dios y su justicia, y todas estas cosas (bienes materiales) os serán añadidas (Mateo 6.33).

MASCULINIDAD

Aunque el liderazgo de la iglesia casi siempre ha sido representado por el género masculino, la Biblia nos revela un gran número de mujeres que Dios usó para su gloria. Dios sigue usando a personas piadosas de ambos sexos en su obra. El apóstol Pablo declara que «no hay varón ni

---

2   Aristos, *Diccionario ilustrado de la lengua española*, Ed. Sopena, Barcelona, 1982, p. 423

mujer; porque todos vosotros sois uno en Cristo Jesús»
(Gálatas 3.28).

Sin embargo, quiero enfatizar algo que es importante
para ejercer bien el liderazgo.

Velad, estad firmes en la fe; portaos *varonilmente*, y
esforzaos (1 Corintios 16.13).

El hombre líder debe comportarse como un varón en
sus manerismos, acciones, y conversación. No sugiero que
sean rudos o agresivos, pero que imiten a Cristo, llenos de
compasión, mansos como la paloma pero astutos como la
serpiente y feroces como el león cuando sea necesario. De
igual manera, la mujer debe ser femenina y modesta, pero
también valiente y firme como Ester y Débora.

Capítulo 17

LA RELACIÓN ENTRE EL PASTOR Y LA CONGREGACIÓN

MUCHAS IGLESIAS SUFREN DIVISIONES porque tanto los pastores y líderes como los miembros con frecuencia comienzan a examinar o probar a los demás en vez de a sí mismos. Pablo nos dice:

> Examinaos *a vosotros mismos* si estáis en la fe; probaos *a vosotros mismos*. ¿O no os conocéis a vosotros mismos, que Jesucristo está en vosotros, a menos que estéis reprobados? Mas espero que conoceréis que nosotros no estamos reprobados (2 Corintios 13.5-6, énfasis del autor).

Debemos examinar nuestras acciones buenas y malas, nuestra actitud, nuestro corazón. ¿Cómo anda usted? ¿Dónde está su corazón? Sométase a la prueba de la palabra de Dios para ver si está en la fe. Examine su corazón a la luz de la Palabra de Dios. ¿Le está obedeciendo? ¿Está confiando en Él?

Cuando oímos una predicación, con frecuencia solo pensamos qué bueno sería si esta o la otra persona lo oyera. Lo que desea Dios es que cada uno se examine para que Él pueda bendecirnos e instruirnos por medio de su Palabra. ¿Quién mejor que uno, que se conoce a sí mismo?

La palabra reprobados en 2 Corintios 13.6 significa no pasar una prueba. Corinto era una sede de los juegos olímpicos. Sus ciudadanos eran *fanáticos* del deporte. Cuando Pablo usa el término reprobado, compara al cristiano con un atleta que desea competir en un evento deportivo pero no pasa la prueba cuando llega la hora de calificar a los finalistas.

Pablo compara la carrera de un atleta y su riguroso entrenamiento con la vida del cristiano. El atleta tiene que prepararse y entrenarse para competir. Se separa de todo aquello que le impide su preparación. Su entrenador decide lo que come, cuándo duerme, el ejercicio necesario para mantenerse en condiciones y lo estimula a sacrificarse en vista del premio que va a obtener. Todo atleta que tiene éxito ha pagado el precio del sacrificio para obtener su galardón.

> ¿No sabéis que los que corren en el estadio, todos a la verdad corren, pero uno solo se lleva el premio? Corred de tal manera que lo obtengáis. Todo aquel que lucha, de todo se abstiene; ellos, a la verdad, para recibir una corona corruptible, pero nosotros, una incorruptible. Así que, yo de esta manera corro, no como a la ventura; de esta manera peleo, no como quien golpea al aire, sino que golpeo mi cuerpo, y lo pongo en servidumbre, no sea que habiendo sido heraldo para otros, yo mismo venga a ser *eliminado* (1 Corintios 9. 24-27).

La palabra griega para eliminado es la misma que anteriormente se tradujo como *reprobado*. Pongamos los ojos en Cristo Jesús y paguemos el precio de nuestro llamado a una posición de autoridad. Si somos fieles, no seremos eliminados, pasaremos la prueba y, cuando llegue la hora, obtendremos una corona incorruptible. Una corona de gloria.

Los triunfadores olímpicos generalmente no son los que tienen más talento, sino aquellos que resisten el riguroso entrenamiento para desarrollar sus limitados talentos. Los que perserveran son los que triunfan. Así es con los hermanos de la iglesia. Hay muchos que tienen talentos y quieren ser usados, pero serán hallados reprobados o eliminados porque no se *someten* al riguroso discipulado y entrenamiento. Serán descalificados porque no pasaron la prueba.

El fruto del pastorado

Y oramos a Dios que ninguna cosa mala hagáis; no para que nosotros aparezcamos aprobados, sino para que vosotros hagáis lo bueno, aunque nosotros seamos reprobados. Porque nada podemos contra la verdad, sino por la verdad. Por lo cual nos gozamos de que seamos nosotros débiles, y que vosotros estéis fuertes; y aun oramos por vuestra perfección (2 Corintios 13.7-9).

La oración de un líder por su pueblo es que no cometan errores, que se mantengan firmes, que no pequen. No para que el líder o el pastor luzca bien, no para que la iglesia vea qué buen trabajo está haciendo, sino, para que aprendan a vivir correctamente y hacer lo que es bueno y agradable a Dios. Aunque el líder llegue a fracasar, tendrá fruto en el triunfo del discípulo.

Un paráfrasis de 2 Corintios 13.9 sería: «Nos alegramos, aun cuando cometemos errores, aun en nuestras debilidades y flaquezas en ver que *ustedes* se hacen *fuertes* y desarrollan sus habilidades, poniendo por práctica y ejercitándose en lo que les hemos enseñado». La palabra griega para perfección significa hacer los ajustes o reparaciones necesarias.

Atención: El pastor y el líder deben predicar y enseñar no para impresionar con una demostración de su conocimiento, sino para cambiar vidas. De igual manera, la responsabilidad de la congregación no es examinar al pastor o a los líderes, a los adoradores o las danzarinas, sino *recibir* lo que Dios imparte a través de ellos.

El fruto de las labores del líder, y de los pastores en particular, es ver como la Palabra de Dios sana y restaura cuando es aplicada a las vidas de personas que llegaron destruidas, enviciadas, quebrantadas y afligidas. Ver hogares restaurados, matrimonios fortalecidos, vidas cambiadas, almas entregadas a Dios y rescatadas de las tinieblas: este es el buen fruto de nuestra labor. Pese a las dificultades, la ingratitud, la infidelidad, la traición, las batallas y las lágrimas, recibimos ánimo, consolación y fortaleza al ver a los que están firmes y creciendo en el Señor

Responsabilidades de la congregación hacia el pastor

Os rogamos, hermanos, que reconozcáis a los que trabajan entre vosotros, y os presiden en el Señor, y os amonestan; y que les tengáis en mucha estima y amor por causa de su obra. Tened paz entre vosotros (1 Tesalonicenses 5.12-13).

Las instrucciones de Pablo a los hermanos es que deben *reconocer* a los que *trabajan* entre ellos. La palabra reconocer significa tener un conocimiento y entendimiento. Se refiere a un reconocimiento de la autoridad y relación.

Cuando el pastor enseña o predica, escuchamos la voz

de su corazón. Nos comunica lo que cree, lo que piensa, y si es sensible al Espíritu Santo, lo que Dios le está hablando. Debemos amar y estimar al pastor por causa de la obra de Dios en la cual sirve.

Los pastores son seres humanos que cometen errores, tienen debilidades y, por su posición, están bajo el ataque del enemigo. Es por esto que la responsabilidad principal de la congregación es *orar* por su pastor. Muéstreme una congregación que no ora por el que los pastorea y yo le mostraré un pastor con problemas serios.

El pastor amonesta a la congregación y prepara a las ovejas para toda buena obra. La palabra amonestar significa llamar la atención con la vara de pastor. Esto es incómodo para algunos santos, particularmente los que ya sienten la convicción del Espíritu Santo. Se enojan con el pastor y murmuran contra él. En la congregación que pastoreaba, tuve una mujer de edad, arraigada en sus tradiciones, la cual me acusaba de predicarle a ella todos los domingos. Cuando me enteré, le dije que no hay nadie tan importante en los ojos de Dios que se merezca un sermón exclusivo por encima de las necesidades de todo el resto de la congregación.

Pablo dice que se estime y se ame al pastor, no por su personalidad, no por su ayuda en tiempos de necesidad sino por causa de la obra en la que sirven. Concluye esa instrucción con una orden de Dios: «*tened paz* entre vosotros».

Cuando hay paz entre las ovejas y el pastor, Satanás no puede entrar y meter su nariz en la congregación. Pero para mantener esa paz, hay que batallar. La paz en el mundo se obtiene por medio de la guerra y se mantiene por medio de una defensa fuerte. En la Iglesia es igual. Obtenemos victorias en la guerra espiritual y mantenemos la victoria por medio de una defensa de intercesión y oración diaria.

La relación entre un pastor y su congregación debe ser algo especial. El pastor debe tener un amor incondicional de Dios por el rebaño que Él le ha dado. Debe estar dispuesto a dar su vida por ellos. Cuando una congregación puede sentir el amor del pastor y su compromiso con ellos, aceptará su liderazgo, se comprometerá a ser parte activa del ministerio y responderá con amor y con sus diezmos y ofrendas. Por esto es importante comprender que ser pastor nos es un empleo. Es un ministerio al cual Dios nos ha llamado.

Esta relación de amor entre el líder y la congregación es vital para alcanzar a las almas perdidas. Bob Yandian dice que: «Un pastor y una congregación que se comprometen mutuamente a mantener la fe y caminar en amor pueden traer las poderosas manos de Jesús a los quebrantados y afligidos en su comunidad. Es a través de la congregación local, que conoce la palabra de Dios y sabe caminar en el Espíritu, que Dios va a moverse con poder en ciudades, naciones y alrededor del mundo».[1]

Una encuesta de pastores en 1991, dirigida por el Instituto de Iglecrecimiento Fuller, reveló la siguiente información acerca de las vidas privadas y profesionales del clero:

- 90% de los pastores trabajan más de 46 horas por semana.
- 80% creen que el ministerio ha afectado sus familias negativamente; un 33% dicen que el ministerio ha sido un peligro para su familia.

---

1   Bob Yandian, *God's Word to Pastors*, Pilar Books, Tulsa, OK, 1992, p. 145

- 75% reportan una crisis de estrés al menos una vez en su ministerio.
- 50% se sienten incapacitados para cumplir los requisitos de su obra.
- 90% sienten que no fueron adiestrados en una forma adecuada para acarrear las demandas del ministerio.
- 70% dicen que tienen ahora una autoestima más bajo que cuando comenzaron.
- 40% reportan un serio conflicto con un miembro de la congregación un mínimo de una vez por mes.
- 37% confiesan que han tenido una relación sexual inapropiada con alguien de su iglesia.
- 70% reportan que no tienen a nadie al que puedan considerar un amigo íntimo.

Otra encuesta de *Enfoque a la familia* en octubre de 1992 a más de 1.500 pastores indicó que:

- Más del 50% de ellos no tienen a alguien que ore con ellos.
- 75% de ellos no tienen una persona de confianza en el ministerio.

La revista *Liderazgo pastoral, Volumen XIII, Nº4*, reportó en el otoño de 1992 que una encuesta de 748 pastores indicó entre otras cosas:

- 94% sienten la presión de tener una «familia ideal».
- 77% de las esposas sienten la misma presión.
- 61% de los hijos de pastores sienten también esta demanda.
- 70% de los pastores indicaron que sus conflictos matrimoniales durante el último año se debieron a su bajo salario o compensación.

Toda congregación debe reconocer las necesidades personales de su pastor y la carga del ministerio sobre él y su familia. Busquemos la forma de fortalecer la relación entre los pastores y las congregaciones para evitar las dolorosas consecuencias que vendrán si no lo hacemos.

Los pastores debemos amar, amonestar y orar por nuestras congregaciones. Las congregaciones deben amar a sus pastores, orando por ellos y apoyándolos. Nunca tendremos una relación *perfecta*, pero es la responsabilidad tanto del pastor como de la congregación que la relación sea saludable.

Capítulo 18

LOS CAMBIOS DE DIOS

> *Y Daniel habló y dijo: Sea bendito el nombre de Dios de siglos en siglos, porque suyos son el poder y la sabiduría. Él muda los tiempos y las edades; quita reyes, y pone reyes; da la sabiduría a los sabios, y la ciencia a los entendidos. Él revela lo profundo y lo escondido; conoce lo que está en tinieblas, y con Él mora la luz*
> (Daniel 2.20-22)

DIOS HA ESTABLECIDO UN PROCESO de cambio diario en toda su creación. Este es el proceso de crecimiento. Como una semilla o un espermatozoide, el proceso produce cambios que identifican el estado de crecimiento y madurez. Aun el evangelio es un proceso de cambio.

Todo crecimiento requiere cambios, y todo cambio presenta nuevos retos o nuevas oportunidades. Cada uno nos permite ver la mano de Dios en acción. Dios cambia los tiempos y las temporadas. Dios promueve y Dios remueve.

En un mundo de cambios, es necesario someternos siempre a la voluntad de Dios. Él establece a los que están en autoridad y puede remover o promover a los que están en posiciones de liderazgo y autoridad. Por eso Jesús declaró:

> Ninguna autoridad tendrías ... si no te fuese dada de arriba... (Juan 19.11).

Toda persona llamada por Dios puede perder su ministerio y no ver realizada la promesa de Dios si desobedece o trata de hacer las cosas por sí mismo. La voluntad de Dios nos lleva como un río hacia el cumplimiento de sus propósitos. Resistir los cambios que Él trae puede sacarnos del río.

Saúl

Dios ungió a Saúl como rey de Israel. Si él hubiera sido fiel y obediente, Dios hubiera confirmado su reino sobre Israel para siempre (1 Samuel 13.13). Por no «fluir» con los cambios que Dios pedía, Saúl perdió su posición como líder del pueblo de Dios.

Moisés

Dios llamó a Moisés para sacar al pueblo de Dios de la esclavitud y del yugo de Egipto. Sin embargo, la Biblia nos dice que la desobediencia de Moisés a las instrucciones de Dios causó que ni él ni Aarón entraran a la tierra prometida.

> Y habló Jehová a Moisés, diciendo: Toma la vara, y reúne la congregación, tú y Aarón tu hermano, y *hablad a la peña* a vista de ellos; y ella dará su agua, y les sacarás aguas de la peña, y darás de beber a la congregación y a sus bestias ... Entonces alzó Moisés su mano y *golpeó la peña* con su vara dos veces ... Y Jehová dijo a Moisés y a Aarón: Por cuanto no creísteis en mí, para santificarme delante de los hijos de Israel, por tanto, *no meteréis* esta congregación en la tierra que les he dado (Números 20. 7,8)

La primera vez que Dios hizo que saliera agua de una peña, fue por medio de un golpe de la vara de de Moisés. Esta vez quería hacerlo de una manera diferente. Moisés no aceptó el cambio y trató de hacerlo de la forma que le había dado resultados anteriormente. «La medida del éxito a los ojos del Señor no es el resultado del esfuerzo, sino la obediencia de sus siervos».[1]

Obedecer a Dios nos mantiene en el río. Cuando somos fieles en lo que Dios nos llama a hacer, Él nos promueve a otro nivel de más impacto. Dios removió a Saúl y promovió a David. Al morir Moisés, el Señor levantó a Josué y fue este el que llevó al pueblo a la tierra prometida.

Esteban

En el sexto capítulo de Hechos, vemos que Esteban fue uno de siete hombres elegido por el liderazgo para servir atendiendo a las viudas. Estos hombre fueron seleccionados en base a su buen testimonio, sabiduría y dependencia del Espíritu Santo. Eran hombres fieles. Después de haber orado, los apóstoles impusieron manos sobre ellos y los comisionaron para este oficio. Al poco tiempo, Esteban había ascendido al nivel de estar ministrando al pueblo con señales y prodigios. La Biblia dice que predicaba con sabiduría, y en una de las mejores predicaciones en toda la Biblia, proclamó su último mensaje antes de morir como el primer mártir de la Iglesia.

Por qué resistimos los cambios

Jesucristo vino a traer el cambio necesario en la humanidad para que fuéramos reconciliados con el Padre. Los líderes religiosos y del pueblo se opusieron con severidad a su vida y mensaje. Esteban también predicó de este

---

1   *Biblia Plenitud*. Editorial Caribe, Miami, FL. 1994 p 194

cambio delante de los ancianos y los escribas judíos, pero estos de nuevo se levantaron contra el mensaje y el mensajero.

La gente casi siempre se opone a los cambios porque somos criaturas de hábito. Resistimos cualquier cosa que nos obligue a experimentar algo desconocido. Las razones principales por las cuales la gente se opone a los cambios son:

1. Malentendidos (Hechos 7.1-53).
2. Falta de identificación (Números 12.1-2, 9-11).
3. Hábitos
4. Temor de fallar (Números 14.1-8).
5. Poca recompensa por el esfuerzo
   (Números 14. 22-24).
6. Perdida de control sobre las cosas que valoramos

   • Posición de Autoridad
   • Control
   • Dinero
   • Seguridad

7. Actitud negativa (Números 14.28)
8. Falta de respeto al líder (Números 14.40-45).
9. Tradiciones (Predisposición mental).
10. Satisfacción personal.

Cuando Dios trae cambios en el mismo liderazgo o el pastorado, el enemigo trata de usar una, varias o todas las razones anteriormente dadas para levantar oposición a la voluntad de Dios. Esta por lo general se manifiesta en la forma de criticismo, dilación, indiferencia, oposición o incredulidad.

El apóstol Pablo, en su famoso retiro de pastores en

Mileto, comunicó a los anciones efesios lo que les esperaba ahora que él se iba:

> Porque yo sé que después de mi partida entrarán en medio de vosotros lobos rapaces, que no perdonaran al rebaño. Y de vosotros mismos se levantarán hombres que hablen cosas perversas para arrastrar tras sí a los discípulos (Hechos 20. 29-30).

Pablo le advertía a los nuevos pastores en Éfeso que esperaran dos tipos de oposición. Los «lobos rapaces» se refiere a personas que parecen ser cristianos y llegan a la iglesia cuando está en transición. Hablan como cristianos, alaban y hasta diezman, pero su intención es dividir y destruir la iglesia, e impedir que las promesas que le han sido dadas a la congregación se cumplan. Jesucristo también los llamó lobos rapaces:

> Guardaos de los falsos profetas, que vienen a vosotros con vestidos de ovejas, pero por dentro son lobos rapaces (Mateo 7.15).

Conozco una iglesia que cuando tuvo un cambio de pastor, regresó a la congregación una mujer que tenía un espíritu de Jezabel. Ella había sido reprendida por el pastor anterior y se había ido de la iglesia por varios años. Al poco tiempo de haber regresado, comenzó nuevamente a manipular y controlar al pastor y a la gente. Hasta logró infiltrarse en una posición de autoridad. Esto resultó en un gran conflicto entre la mujer y algunos de los líderes que ya la conocían y sabían qué clase de espíritu la influenciaba. El pastor nuevo, ignorante de las maquinaciones y estrategias del enemigo, perdió el apoyo de sus mejores líderes.

Pablo dice: «que no perdonarán al rebaño». Estos no

se interesan por el bienestar del rebaño sino por sus propios intereses.

Pablo también advierte que de dentro de la congregación se levantarán algunos que comenzarán a murmurar y criticar, hablando cosas perversas para levantar sus propios seguidores y comenzar SU PROPIO ministerio. Dios quiere que cuando haya un cambio, sus hijos no pierdan la visión. Por esto es de suma importancia que el nuevo pastor reconozca la visión de su antecesor y continúe la obra de Dios para esa congregación.

Cuando Moisés murió, Dios levantó a Josué para continuar lo que su predecesor había comenzado, no para cambiar el curso de su visión y dirección. Claro, a veces Dios quiere traer nuevos cambios a la congregación por medio del nuevo líder, así que Él también espera que sus hijos provean a este su apoyo, confianza, opiniones y consejos y participación.

La despedida

Cuando somos infieles, corremos el riesgo de ser removidos de nuestra posición, pero si somos fieles, tenemos la oportunidad de ser promovidos por Dios. Quiero hablarles de la parte positiva, de la promoción.

Como todos los cambios que trae Dios, este también puede traer su dolor. Otra vez, Dios nos obliga a enfrentarnos a los cambios que son parte de su perfecta voluntad. No podemos seguir a Dios sin estar dispuestos a cambiar, si no queremos adaptarnos y nos aferramos a lo que es «nuestro».

Como ya hemos dicho, Pablo fue pastor de los efesios. Aunque había estado de viaje por un tiempo, no le había dicho a los líderes de la iglesia efesia que no iba a permanecer con ellos hasta que tuvo la famosa conferencia de pastores en Mileto. Dios tenía otros planes para Pablo, planes mayores. Noten lo que pasó cuando él les reveló este cambio permanente:

> Cuando hubo dicho estas cosas, se puso de rodillas, y oró con todos ellos. Entonces hubo gran llanto de todos; y echándose al cuello de Pablo, le besaban, doliéndose en gran manera por la palabra que dijo, de que no verían más su rostro. Y le acompañaron al barco (Hechos 20. 36-38).

Uno de los tiempos más emocionantes en la vida de un pastor es cuando Dios lo promueve con una posición en otra iglesia o lo aparta para un ministerio diferente. El dolor que el pastor siente es parecido al que se experimenta cuando un hijo se casa. Sabe que es algo bueno, pero esta ligado emocionalmente a las lágrimas y risas que fueron parte de su vida con esa congregación.

Las emociones son aún mayores cuando el pastor es el visionario que comenzó la obra. Pablo había establecido la obra en Efeso, había trabajado entre ellos por tres años. Todos los líderes lloraban y besaban a Pablo. Sabían que no lo volverían a ver y lo acompañaron hasta el barco para despedirlo.

Los pastores y lideres son seres humanos, sus emociones se manifiestan en ocasiones alegres y tristes. Nunca debe un líder tratar de esconder sus emociones de gozo o de tristeza. Debe expresarse con toda libertad demostrando su humanidad.

Estas lágrimas, abrazos y besos son parte del ministerio de un líder. Al ver a su hermano Benjamín, al cual no veía por mucho tiempo, José se echó sobre su cuello lo abrazó y lo beso a él y a todos sus hermanos. Jesucristo lloró sobre la ciudad de Jerusalén.

Cómo satisface y edifica ese fruto de la recompensa de un pastor y un líder: el ver el amor expresado por aquellos a quienes les ha invertido parte de su vida, y luego la promoción del Señor a una posición ministerial con más grandes y nuevos retos. Ese es el fruto del LIDERAZGO: MINISTERIO Y BATALLAS.

GUÍA DE ESTUDIO

Capítulo 1

1. Según Romanos 8.28, defina el significado del término «Propósito» y cómo este se refiere a la vida de todo individuo.

2. Describa brevemente seis ejemplos de la Biblia.

Capítulo 2

1. Defina el término «Llamado» y como este se refiere a la «vocación» (Efesios 4.1).

2. ¿Cuándo recibió usted su «llamado» y cómo le preparó Dios para ese llamamiento?

Capítulo 3

1. Defina el término «Apartado». ¿Cuándo sucede esto en la vida de un individuo?

2. ¿Qué sucede cuando un individuo recibe su «ordenación» al ministerio?

3. Relate brevemente el tiempo en que le fue revelado SU llamamiento y su SEPARACIÓN al ministerio.

Capítulo 4

1. Explique cuál es el proceso necesario antes de ser separados para la obra del ministerio.

2. Cuál es el «fruto» de la separación al ministerio.

Capítulo 5

1. Explique brevemente cuál es el «precio» del ministerio y como puede identificarse en SU vida.
2. ¿Cuál es el propósito de las pruebas?
3. Escribe algunas de las cosas que enfrentan a un líder.
4. ¿Que relación hay entre la «Guerra Espiritual» y el Liderazgo Cristiano?

Capítulos 6/7

1. Explique cuáles son algunas de las batallas del líder
2. Defina el término «Espíritu de Jezabel»
3. Defina el término «Espíritu de Absalom»

Capítulo 8

1. Defina el término «La justicia de Dios»

Capítulo 9

1. Defina el término «Fortalezas Ideológicas».
2. ¿Cuál es el mayor obstáculo para el desarrollo espiritual?
3. ¿Cómo impide la predisposición mental el desarrollo de un individuo?
4. ¿El de la Iglesia?

Capítulo 10

1. Defina el significado del término «VISIÓN» en la vida del líder.
2. ¿A quién son llamados a servir los líderes?

Capítulo 11

1. ¿Qué quiere decir Pablo cuando se refiere a «todo el consejo de Dios»?
2. ¿Cuáles son las prioridades del ministerio?
3. ¿Cuál era el oficio de Moisés como pastor?
4. ¿Cuál fue el consejo de Jetro para Moisés y cuáles las cualidades que debía buscar en aquellos individuos?

Capítulo 12

1. Defina el término «PASTOR». ¿Cuál es la diferencia entre el pastorado «parroquial» y el pastorado «administrativo».
2. ¿Cuáles son los tres «sombreros» del líder?, y explique la función de cada uno de estos.
3. ¿Por qué es importante la comunicación correcta de un líder?

Capítulo 13

1. ¿Qué clase de gobierno enseña la Biblia para el Liderazgo de la Iglesia?
2. ¿Cuál es el significado contemporáneo de las siguientes palabras?:

Angel=
Evangelio=
Pastor=
Anciano=
Obispo=
Diácono=

3. ¿Cuál es la verdadera razón del llamamiento al liderazgo?

Capítulo 14

1. Defina la palabra «Disciplina» según W. E. Vine.

2. Escriba cuatro razones por las cuales la disciplina es necesaria en la Iglesia:

3. Para la persona en disciplina:

Capítulo 15

1. ¿Cuál es la diferencia entre «manipulación y motivación»?

2. ¿Qué debe tener un líder para que otros le sigan?

3. ¿Qué esperan los seguidores de sus líderes?

4. Escriba los cuatro factores para un liderazgo efectivo.

A.

B.

C.

D.

Capítulo 16

1. Escriba las diez M's del ministerio

1.   2.   3.   4.

5.   6.   7.   8.

9.   10.

2. ¿Cuáles de estas áreas usted ha descuidado en su vida personal?

Capítulo 17

1. ¿Qué dice la Biblia respecto al examinar a otros?
2. ¿Cuál es el fruto de la labor del pastorado y el liderazgo?
3. ¿Cuáles son las responsabilidades del pastor hacia la congregación?

Capítulo 18

1. ¿Cuál es la razón por las cuales cambian las cosas?
2. ¿Por qué se resiste la gente a los cambios?
3. ¿Cuál debe ser la actitud de una congregación cuando Dios cambia su pastor?

Herramientas para los líderes de hoy

Editorial Caribe le ofrece las herramientas para que «desarrolle el líder alrededor de usted» y «desarrolle el líder dentro de usted», dirigiéndolo «hacia una administración eficaz». Eso se logra al mantener un equilibrio entre «52 maneras de estirar su dinero» y «el liderazgo bíblico genuino». Recuerde siempre: «un líder no nace se hace»,0 por lo tanto combine «los negocios y la biblia» y glorifique a Dios.